LOW FAT 30

Die besten Rezepte

Gabi Schierz • Gabi Vallenthin

LOW FAT 30
Die besten Rezepte

Mehr Power & Genuss

Bassermann

Inhalt

Einleitung

Rezepte

Anhang

LOW FETT 30 funktioniert immer...
ob Sie 5 oder 50 Kilo abnehmen
oder nur gesünder leben wollen

Vorwort

Ein Stück eigene Geschichte

Schön, dass Sie bei LOW FETT 30 mitmachen. Sie werden sehen, es wird sich für Sie lohnen. Mir hat es auf jeden Fall viel gebracht, mein Leben auf LOW FETT 30 umzustellen. Richtig schlank war ich eigentlich noch nie. Nicht als Baby, nicht als Kind, nicht als Teenie und auch nicht als ich zwanzig wurde ... Und wie bei nahezu allen, die Übergewicht haben, wurde mein Gewicht zum maßgebenden Faktor in meinem Leben: Diäten, Fressorgien, Zeiten, in denen mir alles egal war, und wieder Diäten. Irgendwann kamen dann Pillen, Pulver, harte Kuren, die von neuen Fressattacken abgelöst wurden. Mit 35 wog ich dann endlich über 100 Kilo, abgehärtet gegen die Hänseleien von Kollegen oder die fremder Menschen auf der Straße.
Die Wende kam, als ich im Spätsommer ´96 während einer Zugfahrt den Roman „Echt süß" las. Das Buch handelte von einer dicken Frau, die nur durch die Berechnung des Fettanteils abnahm und schlank, schön, erfolgreich und heiß begehrt wurde. „Kitsch", dachte ich damals ... aber die Empfehlung, mehr Kohlenhydrate und weniger Fett zu essen, hatte sich in meinem Kopf eingenistet.
Ich kann heute nicht mehr sagen, wie ich meine Ernährung verändert habe, aber drei Wochen nachdem ich das Buch abgeschlossen hatte, passte mir meine frisch gewaschene Lieblingsjeans, OHNE dass ich mich aufs Bett legen musste, um sie zuzukriegen.
Die Waage bestätigte meine Hoffnung: Abgenommen! Drei Kilo in drei Wochen, ohne Diät! Das war der Startschuss für eine aufregende Zeit: Ich erfuhr, dass diese Empfehlung bereits vor rund 20 Jahren von der Deutschen Gesellschaft für Ernährung herausgegeben worden war. Ab sofort ging ich nur noch mit dem Taschenrechner bewaffnet einkaufen.
Die Einkäufe dauerten ewig und ich erinnere mich gut daran, wie ich mich gefreut habe, wenn ich wieder ein neues Gericht auftat, das LOW FETT 30 war ... und wie ich mich immer mehr über „Diätprodukte" ärgerte, mit denen man mir noch wenige Wochen vorher das Geld aus der Tasche gezogen hatte. Nicht selten bezogen diese so genannten Diätprodukte bis zu 70% der Kalorien aus dem Fett. Und das bei erheblichen Geschmackseinbußen.
Ich wurde durch meine „Trüffeljagd" im Supermarkt regelrecht zum Fettexperten ... und nahm dabei ab. Bei einem dieser Einkäufe kam mir die Idee, wie einfach die Welt doch sein könnte, wenn die LOW FETT 30-Produkte einheitlich mit einem Logo gekennzeichnet wären. Eine Weile spukte die Idee in meinem Kopf herum ... und dann wurde ich aktiv. Fand durch glückliche Zufälle meine

Gabi Schierz (l.)
Gabi Vallenthin (r.)

Partnerin Gabi Schierz, ließ das Label LOW FETT 30 schützen und gemeinsam stellten wir es Vertretern der Lebensmittelindustrie vor. Einhellige Meinung: Tolle Idee. Inzwischen sind die ersten Verträge unter Dach und Fach, mit anderen Unternehmen sind wir im Gespräch. Das Label kommt ... da sind wir uns sicher.
Damit Sie es beim Kochen leichter haben, haben wir Ihnen in diesem Buch Rezepte zusammengestellt, die garantiert LOW FETT 30 sind. Schauen Sie auch in die Tabelle am Schluss dieses Buchs ... hier finden Sie eine Vielzahl von LOW FETT 30-Produkten.
Viel Erfolg!
Herzlichst

Ihre
Gabi Vallenthin

Auch 5 Kilo können zu viel sein

Nein, ich war noch nie dick, aber zufrieden mit meiner Figur war ich trotzdem nicht immer. Nach dem zweiten Kind saßen 5 Kilo fest, die sich allen Diäten und Kuren verweigerten. Und wenn es mir gelang, sie loszuwerden, dauerte es nur ein paar Wochen, bis sie sich wieder einfanden.
Und als mir Gabi Vallenthin dann das LOW FETT 30-Konzept vorstellte, lag es nahe, es selbst zu testen. Nach 5 Monaten waren die 5 Kilo weg. Verschwunden. Und trotzdem war ich ausgegangen, hatte für meine Familie gekocht und war satt und zufrieden durchs Leben gegangen. Die wenigen Änderungen, die ich vornahm, waren zu verkraften: Ein Teelöffel Salatöl statt der „lockeren Runde" aus dem Handgelenk, Schinken statt Salami, Quark statt Butter und Super-Dickmanns anstelle von Schokolade.
Freundinnen von mir, die ich jahrelang nur im Diätenrausch erleben konnte, nahmen ebenfalls mit dieser Methode ab: 5, 10 und 15 Kilo waren die Regel. Selbst mein Mann, ein ausgemachter Liebhaber guter Küche, verlor 8 Kilo ohne eine einzige Kalorie gezählt zu haben.
Mit unseren LOW FETT 30-Büchern haben wir schon vielen Menschen zu einem „leichteren" Leben verholfen. Die vielen Anrufe, Briefe und E-Mails haben uns immer motiviert weiterzumachen. Jetzt, mit den ersten Verträgen für LOW FETT 30, sind wir schon ein ganzes Stück weiter. Danke, dass Sie uns durch Ihr Interesse so bestätigt haben.
Sie werden sehen, es wird sich auch für Sie lohnen!

Ihre
Gabi Schierz

Einfacher gehts nicht:
LOW FETT 30 basiert auf
drei simplen Regeln,
nach denen Sie sich leicht
orientieren können.

Das LOW FETT 30-Erfolgskonzept

Schluss mit dem Kalorienzählen, Schluss mit Crash-Diäten. Wer nach dem LOW FETT 30-Prinzip lebt, nimmt kontinuierlich ab ... und auch wenn Sie keine Gewichtsprobleme haben, schonen Sie mit einer fettarmen Ernährung ihr Herz-Kreislauf-System, beugen Arterienverkalkung vor und schützen Ihren Körper vor Krebs.

So funktioniert die Praxis

Eine einfache Formel hilft Ihnen, Ihrem persönlichen Wohlbefinden täglich ein Stückchen näher zu kommen:

$$\frac{\text{g Fett x 9 kcal x 100}}{\text{Gesamtkalorien}} = \text{\% kcal aus Fett}$$

Nehmen Sie sich eine Lebensmittelverpackung, suchen Sie nach den Nährwertangaben und tragen Sie die Werte in die Formel ein.
Beispiel gekochter Schinken:
100 g gekochter Schinken enthalten 104 kcal und 2 Gramm Fett.

Die Formel lautet dann:

$$\frac{\text{2 g Fett x 9 kcal x 100}}{\text{104 kcal}} = \text{17,31\% Fettkalorien}$$

Das Tolle an LOW FETT 30 ist: Sie müssen keine Kalorien zählen: Sie essen sich an den Produkten und Gerichten satt, die LOW FETT 30 sind ... und achten lediglich auf Ihr individuelles Sättigungsgefühl. Von dem Schinken aus unserem Beispiel können Sie sich also Ihr Brot reichlich belegen:

Mit LOW FETT 30 abnehmen

Wenn Sie Ihr Gewicht reduzieren wollen, egal ob um 5 oder um 50 Kilo, müssen Sie nur drei Regeln befolgen:

1. Essen Sie, wenn Sie Hunger haben. (Nicht, weil die Kantine aufmacht, nicht, weil Ihre Tante Geburtstagskuchen ausgibt, nicht, weil ein einsamer Keks auf dem Tisch liegt und vor allem nicht aus Frust und Langeweile!)
2. Hören Sie damit auf, wenn Sie satt sind. (Nicht erst, wenn Sie völlig vollgefressen sind.)
3. Alles, was Sie essen, soll LOW FETT 30 sein. Immer. Jedes Stückchen Essen, jeden Tag.

Mehr müssen Sie nicht beachten. Keine Kalorien zählen, keine Gramm Fett addieren. Die drei Regeln reichen aus.

Kohlenhydrate machen nicht dick

Kohlenhydrate, aus denen Nährmittel (Reis, Kartoffeln, Nudeln, Getreide), Gemüse, Obst, aber auch Zucker, Honig und Gummibärchen bestehen, machen vor allem satt. Sie machen zufrieden und füllen den Magen mit nur 4 kcal pro Gramm. Vollkornprodukte enthalten zusätzlich reichlich Ballaststoffe, die im Magen aufquellen und noch besser sättigen. Da 1 Gramm Fett 9 kcal hat und somit 5 kcal mehr als 1 Gramm Kohlenhydrate, nehmen Sie bei gleicher Magenfüllung sanft ab. Sie werden auf diese Weise mit deutlich weniger Brennwert genauso satt. Viel – oder wenig – Fett zu essen, ist genau genommen nur eine Frage der Gewöhnung. Sie verändern also nicht die MENGE Ihres Essens sondern nur die Verteilung Fett/Kohlenhydrate.

Bitte nicht übertreiben

Das heißt aber nun nicht, dass Sie ab sofort gar kein Fett mehr essen sollen. Für bestimmte Stoffwechselfunktionen, benötigen Sie Fette, die der Körper selbst nicht bilden kann (mehrfach ungesättigte Fettsäuren). Diese sind in hochwertigen Ölen und in Seefisch reichlich vorhanden.
Die Empfehlung der Ernährungsexperten lautet, die drei verschiedenen Fettsäuretypen (gesättigte, einfach und mehrfach ungesättigte Fettsäuren) zu etwa gleichen Teilen zu sich zu nehmen. Es reichen aber wirklich ganz geringe Mengen.
Wer Milch trinkt, Joghurt isst und ab und zu Fleisch, muss sich um seine gesättigten Fette

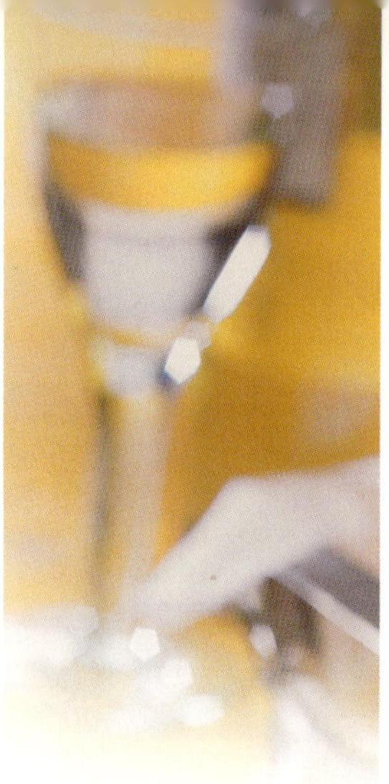

keine Sorgen machen, davon essen wir meist eh viel zu viel. Aufs Brot gibts deshalb statt Butter eine hauchdünne Schicht Margarine aus ungehärteten Pflanzenfetten (suchen Sie auf der Verpackung nach dem Vermerk: „aus ungehärteten Pflanzenfetten"!) und an den Salat geben Sie nur noch 1 Teelöffel hochwertigstes Öl, z. B. kaltgepresstes Olivenöl. Essen Sie gelegentlich ein Stückchen Lachs oder Rollmops, Makrele oder Heilbutt und schon steht Ihr Fetthaushalt auf stabilen Füßen. Jedes Gramm aber, das Sie über den notwendigen Bedarf hinaus verspeisen, landet unweigerlich auf Ihren Hüften.

LOW FETT 30 beim Einkauf

Damit Sie beim Einkaufen erkennen können, ob ein Produkt nicht mehr als 30% seiner Kalorien aus dem Fett bezieht, müssen Sie rechnen oder sich eine der praktischen Fett-Tabellen besorgen. Richten Sie sich darauf ein, dass der Einkauf am Anfang länger dauert. Doch trösten Sie sich: Nach ein paar Wochen Üben klappt das Einkaufen wunderbar ...

Beim Einkaufen werden Sie auch feststellen, dass viele Produkte, die Sie bislang für „figurfreundlich" gehalten haben, deutlich über den 30% Fettkalorien liegen. Typische Beispiele sind Lebensmittel mit 5, 10 oder 15% Fettgehalt absolut. Diese können bis zu 70% der Kalorien aus Fett enthalten.
Bei der Beurteilung eines Produktes ohne Nährwerttabelle können wir Ihnen zwei Empfehlungen geben, die das Rechnen zwar nicht ersetzen können, aber zumindest grobe Hinweise geben.
Die Zutatenliste auf der Verpackung von Lebensmitteln ist vorgeschrieben. Sie listet die Zutaten in absteigender Reihenfolge ihres Anteils an der Rezeptur auf. Stehen Fett, Margarine, Pflanzenöle etc. an zweiter oder dritter Stelle ist Vorsicht geboten, es sei denn, es handelt sich um ein kohlenhydratlastiges Produkt wie ein Reisgericht oder Germknödel. Je weiter hinten Fette oder Öle stehen, um so besser. Übersehen Sie aber auch Fettlieferanten wie Nüsse oder Schokolade nicht.
Die Farbe gibt wertvolle Hinweise, ob ein Produkt Fett enthält oder nicht. Eine grobe Regel könnte heißen: Je weißer ein Produkt ist, um so fetter ist es. Weiße Salat- oder Pastasaucen können Sie getrost stehen lassen. Wenn Sie einmal Tomaten-Pasta-Saucen verschiedener Hersteller vergleichen, können Sie in manchen Gläsern helle Pünktchen erkennen: Das ist fein verteiltes Pflanzenöl. Diese dadurch etwas helleren Saucen haben meist auch mehr Fett ... sündiges Dunkelrot ist also der eindeutig bessere Weg!!

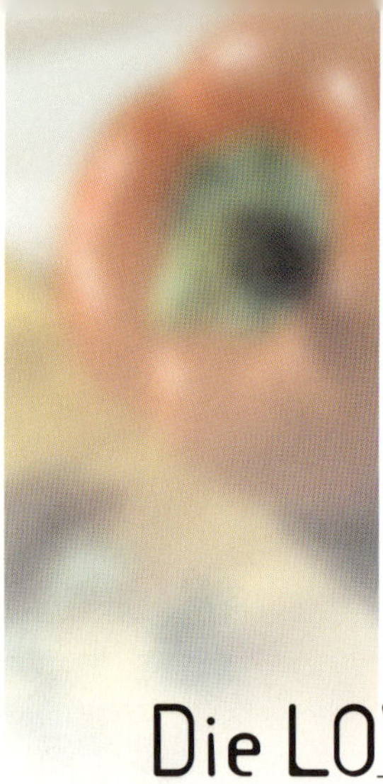

Die LOW FETT 30-Helferlein

Sie wollen Ihre Koch- und Essgewohnheiten umstellen. Dann lassen Sie uns gemeinsam in Ihre Küche gehen und Ihre Küchenausrüstung überprüfen:
Sie benötigen eine gute beschichtete Pfanne. Außerdem wäre es hilfreich, wenn Sie Schmortöpfe mit dickem Sandwichboden hätten. Das spart, richtig eingesetzt, ebenfalls Fett. Sehen Sie sich Ihren Backofen an: Hat er einen integrierten Grill? Dann herzlichen Glückwunsch! Mit einem Grill lassen sich die leckersten Sachen fettsparend garen.
Es gibt spezielle Ölsprüher, mit denen Sie normale Pfannen hauchdünn bespritzen können. Oder Sie leisten sich eine der neuartigen Bratfolien, die Sie für Ihre Pfanne zuschneiden können. Auf dieser lassen sich Fleisch, Pfannkuchen und Kartoffelpuffer fettfrei braten. Backpapier sollte in Ihrer Küche ebenso vorhanden sein wie „Cross&Frits"-Papier, das bei den Backofen-Pommes-frites das überschüssige Fett aufsaugt. Irgendwo könnte auch noch ein Römertopf zu finden sein: Ordentlich gewässert, können Sie darin die tollsten „Pot au Feus" zubereiten.

Und dann der WOK! Sie haben noch keinen? Kochen im Wok ist so eine feine Sache! Achten Sie beim Kauf auf einen Boden mit geringer Auflagefläche und auf weite, ausladende Ränder. Damit können Sie das Fleisch und Gemüse schnell im heißen Fett in der Mitte anbraten und dann fettsparend am Rand fertig garen. Ausnahme: Beim E-Herd muss die Auflagefläche größer sein, damit der Wok auf die Herdplatte passt. Damit wäre die Inspektion Ihrer Küchengeräte beendet.

Schauen wir uns nun Ihre Vorräte an

Für unsere Rezepte sollten Sie eine große Auswahl an Nährmitteln wie Mehl, Nudeln, Reis und Frühstücksflocken im Hause haben. Dazu ein gewisses Sortiment an Kräutern und Gewürzen wie Basilikum, Zimt und Thymian, guten Curry und scharfen Paprika ... und schon sind Sie handlungsfähig. Saucenbinder sollte vorhanden sein, Tomatenmark und passierte Tomaten, Magerquark, Joghurt und Milch mit jeweils 1,5% Fett, sowie hochwertige Margarine. Erstklassiges Olivenöl benötigen Sie für Ihren Salat. Daraus lassen sich schon tolle Gerichte zaubern.

In einer gut sortierten LOW FETT 30-Tiefkühltruhe finden Sie dann fertige Pizzen, portionierbares Gemüse ohne Zusätze, Pommes frites mit 3 % Fett für den Backofen, Hefeteig und Obst. Zu guter Letzt empfehlen wir, stets selbst gemachte und völlig entfettete Fisch-, Hühner- und Rindfleischsuppe einzufrieren. Das ist für den kleinen Hunger abends ebenso geeignet wie als Fond für eine gute Sauce.

LOW FETT 30 funktioniert auch unterwegs ... das bisschen Umdenken macht sich rasch bezahlt.

Tipps fürs Essen außer Haus

In Restaurants und Hotels ist es oft schwierig, LOW FETT 30-Gerichte zu bekommen. Salate sind meist viel zu fett, Fleisch schwimmt in einer Sauce, Pommes frites sind aus der Fritteuse. Die Liste fettreicher Zubereitungsarten würde lang werden.

Richtig essen gehen

In Restaurants entscheiden Sie sich nach Möglichkeit für gekochte oder gegrillte Fleisch- und Fischsorten, wie z. B. Tafelspitz mit Salzkartoffeln, gegrilltes Filetsteak, jedoch ohne Kräuterbutter, oder Forelle blau, die Butter aber separat serviert. Wählen Sie dazu einen mit Essig oder Zitronensaft angemachten Salat und bitten Sie um Brot. Wenn Sie den Salat an der Theke selbst zusammenstellen, meiden Sie Fertigsalate und greifen stattdessen zu Blatt- und Gemüsesalaten mit extra wenig Dressing.
Selbst Beilagen wie Reis oder Nudeln könnten in Fett geschwenkt worden sein, damit sie nicht so klebrig und klumpig werden, während sie auf einen optimistischen Gast warten.

Auch chinesische Restaurants braten oft mit zu viel Fett, denken Sie mal an den frittierten Fisch, die gebackene Ente oder die gebratenen Nudeln. Bei japanischen Restaurants ist es einfach: Sushi und Sashimi sind die richtige Wahl. Das sind wirklich LOW FETT 30-Gerichte vom Feinsten.
Pizzen können Sie bei einem guten Italiener ebenfalls guten Gewissens bestellen, vorausgesetzt, Sie bitten um einen extra dicken Teig und extra wenig Käse, garnieren die Pizza mit gekochtem Schinken, Gemüse oder delektieren sich an Meeresfrüchten. Thunfisch liegt meist in Öl in der Dose und ist deshalb zu fett. Spaghetti in Tomatensauce sind ebenfalls eine ausgezeichnete Wahl.

Kleinigkeiten unterwegs

Sollten Sie Lust auf Hamburger haben, dann entscheiden Sie sich für die Varianten ohne Käse und bitten Sie um mehr Ketchup, Gurke und Salat. Meiden Sie Hamburger mit Mayo, geben Sie den roten Saucen den Vorzug. Auch hier sind Pommes frites tabu.
Im Café entscheiden Sie sich für eine der tollen Tee-Sorten (ich weiß, die heiße Schokolade mit der extra Sahnehaube wäre wahrscheinlich eher nach Ihrem Geschmack) und dazu ein Stück Obstkuchen mit Hefeteig- oder Biskuitboden. Butterkuchen, Blätterteig, Fettgebackenes und Mürbeteig sollten Sie generell meiden. Wenn Sie sich zwischen einer Käsesahnetorte mit Biskuit und einem

gebackenen Käsekuchen mit Mürbeteig entscheiden sollen, ziehen Sie die Käsesahne vor. Herkömmlicher Käsekuchen enthält erstaunlich viel Sahnequark und Eier, manchmal auch Doppelrahmfrischkäse.

Die schönsten Wochen des Jahres

Wenn Sie aus dem Urlaub als Souvenir keine Speckringe mitbringen wollen, können Sie einen Cluburlaub buchen: Der Sport auf der einen Seite und die fantasievollen Buffets auf der anderen lassen Sie schlank und fit zurückkommen. Obst und gegrilltes Fleisch, Salatbuffets und leichte Desserts, Brot und Gemüse sind Leckerbissen der Fitness-Junkies. Kommt Ihnen das Angebot bekannt vor? In guten Betriebsrestaurants gibt es genau diese Auswahl.

Energiezufuhr *und* Energieverbrauch bestimmen Ihren Körper... und sind Balsam für Körper und Seele.

Bodystyling

Unser Körper ist gut zu vergleichen mit einem Auto, dessen Benzinverbrauch eben auch von der Motorleistung abhängt. Kein sparsames Maschinchen bringt die Beschleunigung und die Geschwindigkeit eines Rennwagens auf die Straße. Und umgekehrt, wer ein schnelles Auto fahren will, verheizt richtig Benzin.
Mit unserem Stoffwechsel verhält es sich ebenso: Möchten Sie mehr Verbrauch erreichen, müssen Sie das Gaspedal treten. Im Leerlauf (auf dem Sofa) brauchen Sie dagegen so gut wie gar kein Benzin. Die Devise bei LOW FETT 30 lautet: Ab jetzt die Energiezufuhr (über das Fett) *und* den Energieverbrauch verändern. Beides in einem Maße, dass der Körper nicht anfängt, gegen Sie zu arbeiten.
Fett verbrennen Sie am besten mit Ausdauersport im so genannten „aeroben" Bereich. „Aerob" bedeutet, dass Ihr Körper für alle Körperfunktionen noch genügend Sauerstoff zur Verfügung hat. Sie merken das daran, dass Sie nicht aus der Puste geraten, dass Sie sich beim Sport noch unterhalten können.

Ihr Puls dürfte dann bei 130 bis 140 Schlägen pro Minute liegen. Je nach Trainingszustand erreichen Sie diese Herzfrequenz schon bei ruhigem Spazierengehen, dann sind Sie eben untrainiert – oder aber Sie können bei so einem Puls sogar joggen.
Egal, wo Sie heute stehen: Ihre Fitness ist steigerungsfähig. Mit jedem Training verbessern Sie Ihre Leistungsfähigkeit. Aber: Bleiben Sie immer vernünftig und übertreiben Sie es nicht.

Führen Sie sich vor Augen, wie lange Sie gebraucht haben, um Ihre heutige Figur zu bekommen. Das, was Sie über Jahre angesammelt haben, lässt sich nicht über Nacht abbauen. Geben Sie sich und Ihrem Körper also auch Zeit. Ein Gewichtsverlust von durchschnittlich 1 kg pro Woche, wenn Sie stark übergewichtig sind, bis hin zu 1 kg pro Monat, wenn Sie nur von wenigen Kilos geplagt werden, ist realistisch.

Bewegen Sie die Beine

Laufen ist optimal. Damit ist das Bewegen der Beine gemeint, nicht die Schnelligkeit. Egal ob Sie joggen, walken oder nur schnell gehen, Sie sollten sich noch unterhalten können, aber dennoch am ganzen Körper zu schwitzen beginnen, dann ist die „Dosis" richtig.
Wer ganz sichergehen will (und das empfiehlt sich, denn weder zu laues noch zu intensives Training ist im Sinne der Sache), der besorgt sich eine Pulsuhr, die eine „OWN ZONE"-

Funktion hat, also die persönlich optimale Trainingszone ermitteln kann. Die Uhren der allerneuesten Generation können Ihnen nach dem Training sogar sagen, wie viel Kalorien Sie verbraucht haben, wie viel Fett dabei umgesetzt wurde und auch, wie Ihr individueller Fitnessstatus ist. Letzteres ist vor allem im Vergleich mehrerer Wochen und Monate interessant.

Viel hilft nicht viel

Wenn Sie an den klassischen Schulsport zurückdenken, erinnern Sie sich sicher noch an diverse Übungen, die Ihnen die Lungen explodieren ließen: Der 400-m-Lauf, das Zirkeltraining, das 200-m-Brustschwimmen nach Zeit. Dann die Angst, sich vor der ganzen Klasse zu blamieren und der Druck, für sein Gehopse auch noch Noten zu bekommen. Alles Voraussetzungen, die nicht dazu geeignet sind, eine innige Beziehung zum Sport aufzubauen. Für viele war dann auch das Abschlusszeugnis gleichbedeutend mit der endgültigen Verabschiedung von jeglicher Form körperlicher Ertüchtigung. Nie wieder Turnschuhe und keine schwarzen Rippleibchen mehr!

Setzen Sie sich mit Ihren Ängsten vor dem Sport auseinander und versuchen Sie zwischen Vergangenheit und Realität zu trennen: Bewegung muss nicht zwangsläufig unangenehm sein. Wer aeroben Ausdauersport macht, wird feststellen, dass das verdammt gut tut. Wie angenehm die Beine durchblutet sind, was für ein euphorisches Gefühl man am nächsten Tag noch hat. Und das ohne ätzenden Muskelkater, der jede vernünftige Bewegung vereitelt.
Machen Sie sich klar, dass alle negativen Gefühle beim Sport von der Übertreibung stammen: Muskelkater, einen knallroten Kopf, schmerzende Gelenke und akute Luftnot bekommen Sie nicht, wenn Sie Ihren Körper im Rahmen seiner individuellen Leistungsfähigkeit fordern.
Also: Besorgen Sie sich eine Pulsuhr und gehen Sie an die frische Luft.

Oder suchen Sie sich ein Fitnessstudio, wo Sie gut beraten werden und man einen individuellen Trainingsplan für Sie entwickelt: Muskelaufbau (an Geräten und durch entsprechende Übungen) und eine bessere Herzleistungsfähigkeit (Cardio) sollen Ihre Ziele sein. Haben Sie keine Angst, dass Sie in einem Studio nur auf Fitnessmäuse im String-Tanga treffen. Das war einmal! Das Gesundheitsbewusstsein ist mittlerweile überall so stark fortgeschritten, dass Sie heute in jedem normalen Fitnessstudio auch völlig normale Leute treffen, die wie Sie mit den Pfunden kämpfen. In einigen Städten gibt es mittlerweile sogar LOW FETT 30-Studios. Dort können Sie spezielle Kurse und Schnupperangebote für LOW FETT 30-Teilnehmer nutzen.

Falls Sie sich nicht mit Studio-Öffnungszeiten und öffentlichem Umkleiden auseinander setzen wollen, bleibt noch der Weg über Fitness-Videos, die für unterschiedliche Fitnesslevels und mit unterschiedlichsten Zielrichtungen angeboten werden. Achten Sie darauf, dass die Übungseinheiten nicht zu lange dauern (wer hat schon regelmäßig Zeit, eine Stunde Aerobic vor dem Video zu machen) und dass Sie keine zusätzliche Ausrüstung wie Step oder Hanteln benötigen.

Ideal sind Kombinationen von Muskelaufbau und Cardioteil, wobei der Cardioteil mindestens 20 Minuten dauern sollte. Gehen Sie allerdings mehrmals in der Woche laufen, reicht ein Muskeltraining von ca. 15 Minuten, das Sie dann täglich machen können. Trainieren Sie von Tag zu Tag andere Muskelgruppen, dann bleibt das Training spannend!

Tipps aus der LOW FETT 30-Praxis

Gerade für Einsteiger ist die Entscheidung zu einer grundsätzlich energetischeren Lebensweise hilfreich.
Nehmen Sie sich vor, ab heute ....
.... die Treppen zu nehmen und den Lift zu meiden
.... mit Ihren Kindern auf den Spielplatz zu gehen und mit ihnen zusammen zu klettern, Ball zu spielen und zu laufen
.... öfter Ihr Rad zu nehmen
.... Ihren Hausputz bei gleicher Menge in der Hälfte der Zeit zu erledigen. Fetzige Musik hilft Ihnen dabei!
.... Ihren Hund beim Gassigehen mehr zu fordern
Diese wenigen Regeln erhöhen Ihren Energieverbrauch und langfristig auch Ihren Grundumsatz (das ist die Energie, die Ihr Körper zum Erhalt der Lebensfunktionen benötigt). Der Grundumsatz ist übrigens um so höher, je höher der Anteil der Muskelmasse in Ihrem Körper ist.

Wochenplan für Einsteiger

Genau genommen brauchen Sie keinen Wochenplan. Doch da wir ja wissen, dass sich der ein oder andere gerne ein bisschen an was „festhält", voilà!

Sie können in diesem Plan die drei Mahlzeiten beliebig gegeneinander austauschen, falls Sie das Müsli lieber in die Arbeit mitnehmen und morgens schon mit einem herzhaften Brot starten wollen. Wenn Ihnen drei Mahlzeiten pro Tag nicht ausreichen, können Sie den Nachtisch vom Mittag- und Abendessen ebenso gut als Zwischenmahlzeit zu sich nehmen. Der vorliegende Wochenplan ist auf etwa 1500 kcal pro Tag ausgelegt. Probieren Sie es aus, ob Sie damit hinkommen.

Wenn Sie stark übergewichtig sind und an große Mengen gewöhnt sind, kann es sein, dass Ihnen die Mengen unseres Planes nicht reichen. Orientieren Sie sich dann bitte an Ihrem Grundumsatz (Grundumsatz ist – wie eben schon gesagt – die Menge an Kalorien, die man zum reinen Erhalt des Körpers mindestens benötigt). Diesen berechnen Sie wie folgt: Ihr Körpergewicht in kg x 24 = Grundumsatz. Das bedeutet, wenn Sie zum Beispiel 95 kg wiegen, haben Sie einen Grundumsatz von rund 2300 kcal pro Tag. Und das wäre dann auch eine angemessene Kalorienmenge für Sie, mit der Sie langsam aber sicher abnehmen.

Generell gilt: Essen Sie sich bitte satt ... aber überfressen Sie sich nicht. Wenn Sie nach einem Essen noch Hunger haben, nehmen Sie ruhig nach oder essen Sie anschließend noch ein Stück Brot, eine Banane oder einen Apfel. Wichtig sind die LOW FETT 30-Regeln!

Damit Sie nicht vergessen, viel zu trinken, haben wir Ihnen immer Tee und Wasser dazu angegeben. Empfehlenswert sind etwa 2 Liter pro Tag. Bei „Tee" sind alle Sorten möglich, ideal finden wir die Kräuterteemischungen, die man im Reformhaus oder Bioladen bekommt.

Montag

Frühstück

1 große Tasse Tee
1 fruchtiges Müsli (S. 26)

Mittagessen

2 Gläser Mineralwasser
1 große Portion Miracoli
1 Apfel

Abendessen

2 Tassen Früchtetee
1 Bagel mit Paprikaquark (S. 34)
1 Corny Müsliriegel Cranberry

Dienstag

Frühstück

1 große Tasse Tee
1 Putensandwich (S. 33)
1 Hand voll frische Aprikosen

Mittagessen

2 Gläser Mineralwasser
1 Nudelsalat mit Pfifferlingen (S. 104)
2 Super-Dickmanns

Abendessen

1 große Tasse Tee
1 Pizza Cappriciosa (ALDI)

Mittwoch

Frühstück

1 große Tasse Tee
1 Vollkornbrötchen mit Honigmelone (S. 30)
1 Banane

Mittagessen

2 Gläser Mineralwasser
300 g Backofen-Pommes (Agrarfrost 3%) mit
4 EL Ketchup
1 Apfel

Abendessen

1–2 große Tassen Tee
1 Tomatensuppe mit Basilikum (S. 49)
1 Mc Sunday Eistüte

Donnerstag

Frühstück

1 große Tasse Tee
1 Prt. Himbeer-Bananen-Flakes (S. 28)

Mittagessen

2 Gläser Mineralwasser
1 Prt. Rinderfilet auf sardische Art (S. 60)
1 Blattsalat mit Essig-Öl-Vinaigrette

Abendessen

1 große Tasse Tee
400 g gedünstetes TK-Gemüse
1 Vollkornbrötchen
1 Corny Banane

Freitag

Frühstück

1 große Tasse Tee
300 g Obst nach Wahl
1 Vollkornbrötchen

Mittagessen

2 Tassen Mineralwasser
1 Prt. Hühnerbrust mit Artischocken (S. 66)
1 Minibaguette
1 Apfel

Abendessen

2 große Tassen Tee
1 Prt. Kartoffeln mit Frankfurter Grüner Sauce (S. 82)
1 Müller Milchreis

Samstag

Frühstück

2 große Tassen Tee
50 g Frühstücksflocken
200 ml Milch (1,5 % F.)

Mittagessen

2 Gläser Mineralwasser
1 Prt. 15-Minuten-Terrine-Linsen
1 Vollkornbrötchen
1 gemischter Salat mit Joghurtdressing

Abendessen

2 große Tassen Tee
1 Prt.Seezungenröllchen in Tomatensauce (S.72)
1 Super-Dickmann

Sonntag

Frühstück

2 große Tassen Tee
1 Prt. Apfel-Möhren-Müsli (S .29)
1 Banane

Mittagessen

2 Gläser Mineralwasser
1 Prt. Exotischer Garnelensalat (S. 44)
1 Minibaguette
1 Aprikosen-Haferflocken-Muffin (S. 126)

Abendessen

2 große Tassen Tee
1 Prt.Vollkornnudeln mit Spinat (S. 81)
1 Super-Dickmann

Last not least ...

Fragen aus der Beratung

Was tun bei Diabetes mellitus?

Gleich vorneweg: LOW FETT 30 ist ein Programm für Leute, deren Stoffwechsel funktioniert. Sollten Sie also unter Diabetes mellitus leiden, dann sprechen Sie unbedingt vorher mit Ihrem Arzt. Er wird Ihnen sicher ebenfalls zu einer fettreduzierten Ernährung raten, aber es gibt eben doch Einschränkungen, wenn es um den Genuss von Süßigkeiten und Auszugsmehlen etc. geht.

Muss ich die Fettprozente addieren?

Nein, jedes Gericht muss LOW FETT 30 sein, aber addieren kann man Prozente nicht. Wenn es Sie interessiert, wie viel Prozent Fett über den Tag verteilt Ihre Nahrung hatte, dann ist es notwendig, alle Kalorien und das gesamte Fett zu addieren und dann in die Formel einzusetzen. Nur so bekommen Sie den Tageswert. Das können Sie aber genauso gut bleiben lassen. Es macht nämlich nur viel Arbeit und bringt nix. Halten Sie sich einfach an die drei Regeln, das reicht!

Ich nehme nicht ab!

Tja, wahrscheinlich haben Sie schon viele Diäten durchgezogen und Ihr Körper ist ans Sparen gewöhnt. Kommt gar nicht mehr so richtig auf Touren, sondern hamstert.
Da hilft nur eins: Essen Sie ausreichende Mengen und essen Sie nur LOW FETT 30-Gerichte sowie reichlich fettfreies Gemüse. Beginnen Sie unbedingt mit unserem Sportprogramm. Dann kommt Ihr Stoffwechsel wieder auf Trab. Und halten Sie sich an die drei Regeln!

Was ist mit Alkohol?

Nein, Alkohol hat kein Fett. Aber 7 leere Kalorien pro Gramm. Außerdem ist Alkohol ein Zellgift, weshalb Ihre Leber verzweifelt versucht, das Zeug schnellstmöglich abzubauen. Zu allem Überfluss macht Alkohol auch noch Appetit und hemmungslos dazu. Es ist ziemlich wahrscheinlich, dass Sie nach drei Gläsern Wein auch noch die Tüte Chips oder die Dose mit den Erdnüssen vertilgen. Ab und an ein Glas ist okay. Mit regelmäßigem Genuss von Alkohol machen Sie sich das Leben aber unnötig schwer.

Wie oft soll ich mich wiegen?

Ganz ehrlich? Morgen früh das letzte Mal und dann stellen Sie das Ding erst einmal weg. Wenn Sie abnehmen, merken Sie das an Ihren Klamotten, an Ihrem Doppelkinn (das verschwindet nämlich) und an Ihren Fingern. An Ihrem Po und Ihren Oberschenkeln und last not least an den bewundernden Kommentaren, die Sie erleben werden. Und wenn Sie sich dann mal wiegen, können Sie ganz genau sagen, wie viel Sie abgenommen haben. Vorher ist das doch eh nicht interessant.

Hinweise zu den Rezepten

Portionsgrößen

Die Rezepturen sind, mit wenigen Ausnahmen, auf 2 Personen ausgelegt. Wenn Sie für mehr oder weniger Personen kochen, erhöhen oder verringern Sie die Zutatenmengen einfach entsprechend.

Zubereitungszeit

Hier steht die Zeit, die Sie benötigen, um das ganze Gericht zuzubereiten. Sollten dabei längere Zeitspannen auftreten, in denen Sie nichts zu tun haben, so haben wir diese gesondert als Back-, Quell-, Kühlzeit usw. aufgeführt.

Kalorien- und Nährwertangaben

Sie beziehen sich immer auf eine Portion des Gerichts. Die Prozentangabe steht für Fettkalorienprozent.
Bitte beachten Sie, dass Nährwertangaben je nach Datengrundlage variieren können. Außerdem unterliegen die Inhaltsstoffe ein und desselben Lebensmittels natürlichen Schwankungen. Unsere Angaben sind deshalb als Durchschnittswerte anzusehen.

Zutatenmengen

Wenn nicht anders angegeben, gehen wir bei Obst und Gemüse von ungeputzter Rohware aus. Bei Stückangaben (z. B. Zucchini, Paprikaschote, Brotscheiben) beziehen wir uns auf ein Stück mittlerer Größe.

Backofentemperaturen

Sie beziehen sich auf den Elektroherd mit Ober- und Unterhitze. Wenn Sie mit Umluft arbeiten, reduzieren Sie die Temperaturen um 20%. Die Backzeit bleibt gleich. Haben Sie einen Gasofen, richten Sie sich bitte nach den Herstellerangaben.

Die Abkürzungen

TL	=	Teelöffel (gestrichen)
EL	=	Esslöffel (gestrichen)
Msp.	=	Messerspitze
g	=	Gramm (1000 g = 1 kg)
kg	=	Kilogramm
ml	=	Milliliter (1000 ml = 1 l)
l	=	Liter
kcal	=	Kilokalorien (oder einfach: Kalorien)
KH	=	Kohlenhydrate
F. i. Tr.	=	Fett in der Trockenmasse
ca.	=	circa
°C	=	Grad Celsius
TK	=	Tiefkühl
Ø	=	Durchmesser

Frühstück
Zwischenmahlzeit
Pausenbrot

Der Start in den Tag will gut geplant sein ... auch der kleine Hunger lässt sich mit kleinen Häppchen eine Weile besänftigen. Unsere Lieblingsrezepte werden Ihnen gefallen.

Das sollten Sie immer im Haus haben: Vollwertbrot, Flocken und Cerealien. Sie machen satt und sind meistens LOW FETT 30. Bei Crunch- und Nussmixturen vorher den Fettprozentanteil errechnen!

Ein Blick in den Kühlschrank: Steht genügend Magerquark, Magerjoghurt, Buttermilch und Kefir drin? Wunderbar. Dann brauchen Sie nur noch frisches Obst und Gemüse. So können Sie je nach Jahreszeit echte Geschmackshighlights genießen: Ein Brot mit Quark und frischen Erdbeeren oder mit Schnittlauch und Tomate ist wirklich kaum zu toppen.

Erdbeerquark

Für 1 Person • Zubereitungszeit: ca. 15 Minuten
Pro Portion ca. 180 kcal • 27 g KH • 3 g Fett • 15% Fettkalorien

250 g Erdbeeren
1 EL Ahornsirup
6 EL Quark (0,2% F.)
2 EL Mineralwasser
etwas flüssiger Süßstoff
einige Minzeblättchen

1. Die Erdbeeren waschen und das Grün entfernen. Die Beeren halbieren und in eine Schale füllen. Den Ahornsirup über die Früchte geben und etwa 10 Minuten ziehen lassen.

2. Inzwischen den Quark mit Mineralwasser und einem Spritzer Süßstoff cremig rühren. Die Quarkcreme über die Erdbeeren geben und mit der Minze garnieren.

Tipp Statt Mineralwasser können Sie auch Orangensaft verwenden.

Fruchtiges Müsli

Für 1 Person • Zubereitungszeit: ca. 10 Minuten
Pro Person ca. 410 kcal • 66 g KH • 13 g Fett • 29% Fettkalorien

125 g Obst der Saison (z. B. Orangen, Äpfel, Kirschen, Aprikosen)
150 g Joghurt (1,5% F.)
3 EL Ahornsirup
2 EL kernige Haferflocken
15 g gehackte Mandeln

1. Das Obst waschen, verlesen, evtl. entkernen und schälen. Die Früchte in kleine Stücke schneiden.

2. Den Joghurt mit dem Ahornsirup vermischen. Das vorbereitete Obst und die Haferflocken unterheben.

3. Das Ganze in eine kleine Schale füllen und mit den gehackten Mandeln bestreuen.

oben: Erdbeerquark
unten: Fruchtiges Müsli

Unsere Frühstücksvorschläge machen leistungsfähig, halten lange satt ohne zu belasten und geben Ihnen den richtigen Kick für den Tag.

Sie haben vergessen, die Körner quellen zu lassen? Kein Problem: Wasser drauf, kräftig umrühren und 2 bis 3 Minuten in die Mikrowelle.

Vollkorn-Heidelbeer-Müsli

Für 1 Person • Zubereitungszeit: ca. 15 Minuten
Pro Portion ca. 400 kcal • 53 g KH • 13 g Fett • 29% Fettkalorien

4 EL Vollkorn-Haferflocken
15 g Sonnenblumenkerne
150 g Kefir (1,5% F.)
100 g frische Heidelbeeren
2 EL Sultaninen

1. Die Haferflocken und die Sonnenblumenkerne zusammen mit dem Kefir verrühren und 10 Minuten quellen lassen.

2. Die Heidelbeeren verlesen und waschen. Die Sultaninen und die Hälfte der Beeren unter den Kefir mischen.

3. Die andere Hälfte der Heidelbeeren über das Müsli streuen und servieren.

Himbeer-Bananen-Flakes

Für 1 Person • Zubereitungszeit: ca. 10 Minuten
Pro Person ca. 270 kcal • 54 g KH • 2 g Fett • 7% Fettkalorien

1/2 Banane
50 g Himbeeren
100 g Joghurt (1,5% F.)
1 TL Honig
40 g Cornflakes

1. Die Banane schälen und in Scheiben schneiden. Die Himbeeren verlesen, waschen und vorsichtig mit Küchenpapier trockentupfen.

2. Den Joghurt in eine kleine Schüssel füllen und mit Honig gut verrühren.

3. Das Obst dazugeben und unter den Joghurt rühren. Einige Himbeeren zum Garnieren beiseite legen.

4. Die Cornflakes unter die Joghurt-Früchte-Mischung heben und die restlichen Beeren darauf verteilen.

Apfel-Möhren-Müsli

Für 1 Person • Zubereitungszeit: 15 Minuten • Quellzeit: über Nacht
Pro Portion ca. 370 kcal • 68 g KH • 5 g Fett • 12% Fettkalorien

3 EL Weizenschrot
100 g Joghurt (1,5% F.)
1 kleine Möhre
1/2 Apfel
1 EL Zitronensaft
1 TL Honig
1 EL Rosinen

1. Den Weizenschrot knapp mit Wasser bedecken und über Nacht – am besten im Kühlschrank – zugedeckt quellen lassen. Am nächsten Morgen den Weizenbrei mit dem Joghurt mischen und in eine kleine Schale füllen.

2. Die Möhre waschen, schälen und fein raspeln. Den Apfel waschen, vierteln, das Kerngehäuse herausschneiden und grob raspeln.

3. Die Möhren- und Apfelraspel mit Zitronensaft und Honig mischen und auf dem Getreidebrei anrichten. Mit den Rosinen bestreuen.

Vollkornbrötchen mit Honigmelone

Für 1 Person • Zubereitungszeit: ca. 10 Minuten
Pro Portion ca. 180 kcal • 31 g KH • 1 g Fett • 5% Fettkalorien

1 Vollkornbrötchen

50 g Quark (0,2% F.)

1/8 Honigmelone

1. Das Vollkornbrötchen durchschneiden und beide Hälften mit dem Quark bestreichen.

2. Die Schale und die Kerne der Honigmelone entfernen und die Frucht in feine Spalten schneiden.

3. Die Brötchenhälften üppig mit den Melonenspalten belegen.

Brioches

Toast „exotisch"

Für 1 Person • Zubereitungszeit: ca. 10 Minuten
Pro Portion ca. 290 kcal • 41 g KH • 8 g Fett • 25% Fettkalorien

2 Scheiben Sandwich-Toast

1 TL milder Senf

1/2 Päckchen Kresse

1 Scheibe gekochter Schinken (3% F.)

2 Backpflaumen (ohne Stein)

1. Die Toastscheiben toasten und mit dem Senf auf je einer Seite bestreichen.

2. Die Kresse mit einer Schere abschneiden und auf den Toastscheiben verteilen.

3. Die Scheibe gekochten Schinken in der Mitte durchschneiden und auf die Brotscheiben legen.

4. Die Pflaumen klein schneiden und auf dem Schinken verteilen.

Brioches

Für 20 Stück • Zubereitungszeit: ca. 30 Minuten • Gehzeit: ca. 2 1/2 Stunden • Backzeit: ca. 20 Minuten
Pro Stück ca. 140 kcal • 22 g KH • 3 g Fett • 19% Fettkalorien

125 ml Milch (1,5% F.)
30 g Hefe
500 g Mehl
60 g Zucker
3 Eier
50 g Butter
1 Päckchen Citroback
150 g Joghurt (1,5% F.)

1. Die Milch leicht erwärmen und die Hefe darin auflösen. Nun 1/3 des Mehls zusammen mit dem Zucker, 3 Eiweiß, 2 Eigelb, der Butter und Hefemilch verrühren. Den Teig 1/2 Stunde an einem warmen Ort zugedeckt stehen lassen.

2. Den Teig mit dem restlichen Mehl, Citroback und Joghurt (zimmerwarm!) gut verkneten und nochmals 2 Stunden gehen lassen. Den Backofen auf 180 °C vorheizen. Ein Blech mit Backpapier auslegen.

3. Aus dem Teig 20 gleich große Kugeln formen, auf das Backblech legen und mit dem restlichen Eigelb bestreichen. Den Teig nochmals kurz gehen lassen, dann auf mittlerer Schiene 20 Minuten backen.

Vollkornbrot mit Hüttenkäse

50 g Hüttenkäse
etwas Salz
Pfeffer aus der Mühle
1 Scheibe Vollkornbrot
1 kleine Tomate
1 EL Schnittlauchröllchen

Für 1 Person • Zubereitungszeit: ca. 5 Minuten
Pro Portion ca. 130 kcal • 18 g KH • 2 g Fett • 14% Fettkalorien

1. Den Hüttenkäse mit Salz und Pfeffer würzen und auf dem Vollkornbrot verteilen.

2. Die Tomate waschen, den Stielansatz entfernen, in Scheiben schneiden und auf den Hüttenkäse legen. Die Schnittlauchröllchen über den Tomaten verteilen.

Kräftiges Käsebrot

3 TL Buttermilch-Frischkäse (8% F.)
1/4 TL Senf
etwas Salz
Pfeffer aus der Mühle
etwas Zucker
2 Salatblätter
1 Gewürzgurke
1 Scheibe Zwiebelbrot
3 Scheiben Bündner Fleisch

Für 1 Person • Zubereitungszeit: ca. 10 Minuten
Pro Portion ca. 170 kcal • 18 g KH • 6 g Fett • 26% Fettkalorien

1. Den Frischkäse mit dem Senf, Salz, Pfeffer und Zucker abschmecken.

2. Die Salatblätter waschen und trockenschütteln. Die Gurke in dünne Scheiben schneiden.

3. Die Brotscheibe halbieren. Die eine Hälfte mit der Senfcreme bestreichen, Salat, Gurkenscheiben und Bündner Fleisch darauf verteilen. Das Ganze mit der zweiten Brothälfte abdecken.

Würziges Putensandwich

Für 1 Person • Zubereitungszeit: ca. 15 Minuten
Pro Portion ca. 200 kcal • 20 g KH • 4 g Fett • 18% Fettkalorien

2 Salatblätter

2 EL Sprossen

2 cm Salatgurke

1/8 rote Paprikaschote

1 TL Milch

1/2 TL Meerrettich (Glas)

1 EL Buttermilch-Frischkäse (8% F.)

Pfeffer aus der Mühle

1 Scheibe Mehrkornbrot

2 Scheiben geräucherte Putenbrust (je 30 g)

1. Die Salatblätter, Sprossen und Gurke waschen und trockentupfen. Die Gurke in Scheiben schneiden.

2. Die Paprikaschote waschen, die Kerne und weißen Scheidewände entfernen. Die Paprika fein würfeln und mit der Milch und dem Meerrettich unter den Frischkäse rühren. Die Masse mit Pfeffer abschmecken.

3. Die Brotscheibe halbieren. Eine Hälfte mit der Käsemasse bestreichen, mit Salat, Gurke, Putenbrust und Sprossen belegen. Die zweite Hälfte darauf legen.

oben: Bagel mit Schinkencreme
unten: Bagel mit Paprikaquark

Bagel mit Schinkencreme

Für 1 Person • Zubereitungszeit: ca. 15 Minuten
Pro Portion ca. 240 kcal • 27 g KH • 6 g Fett • 23% Fettkalorien

1 Bagel
1 Scheibe gekochter Schinken (3% F.)
75 g Quark (0,2% F.)
Pfeffer aus der Mühle
etwas Paprikapulver, edelsüß
2 cm Salatgurke

1. Den Bagel der Länge nach durchschneiden. Den Schinken in grobe Würfel schneiden.

2. Den Quark mit dem Schinken zusammen pürieren, mit den Gewürzen abschmecken. Die Gurke waschen und in Scheiben schneiden.

3. Die Schinkencreme auf eine Bagelhälfte verteilen, mit den Gurkenscheiben garnieren und die zweite Hälfte darüber legen.

Bagel mit Paprikaquark

Für 1 Person • Zubereitungszeit: ca. 10 Minuten
Pro Portion ca. 200 kcal • 29 g KH • 2 g Fett • 9% Fettkalorien

1 Bagel
1/2 rote Paprikaschote
1–2 Blätter Eisbergsalat
75 g Quark (0,2% F.)
etwas Salz
Pfeffer aus der Mühle
1 EL gehackte Petersilie
1 EL Schnittlauchröllchen

1. Den Bagel der Länge nach durchschneiden. Die Paprika waschen, die Kerne und weißen Scheidewände entfernen. Die Paprika in kleine Würfel schneiden. Den Eisbergsalat waschen und in Streifen schneiden.

2. Den Quark mit Salz und Pfeffer würzen, die Paprikawürfel und Kräuter unterrühren.

3. Den Quark auf eine Bagelhälfte streichen, die Salatstreifen darauf verteilen und die zweite Bagelhälfte darüber legen.

Bagel? Das ist nichts anderes als Brötchen in Kringelform ... ein normales Brötchen schmeckt übrigens genauso köstlich!

Noch zu müde zum Kauen? Dann eben Mixer auf, alles rein, was sich nicht wehrt und das Ergebnis von 1 Minute auf Stufe 3 in ein schönes großes Glas gießen. Guten Morgen!

Orangenbuttermilch

Für 1 Person • Zubereitungszeit: ca. 10 Minuten
Pro Portion ca. 250 kcal • 40 g KH • 4 g Fett • 14% Fettkalorien

1 Orange
1 EL Sanddornsaft
150 ml Buttermilch
1 TL Honig
1 EL Schmelzflocken

1. Die Orange halbieren. Eine dünne Scheibe abschneiden und beiseite legen. Die restliche Orange auspressen.

2. Den Sanddorn mit der Buttermilch und dem Honig mixen und den Orangensaft dazugeben.

3. Die Schmelzflocken, bis auf 1/2 Teelöffel, unter die Orangenbuttermilch rühren.

4. Den Drink in ein Glas füllen. Die restlichen Haferflocken auf den Drink streuen. Die Orangenscheibe vierteln und ein Stück auf den Glasrand stecken.

oben: Orangenbuttermilch
unten: Kefir mit Mango und Ingwer

Kefir mit Mango und Ingwer

Für 1 Person • Zubereitungszeit: ca. 10 Minuten
Pro Portion ca. 170 kcal • 23 g KH • 4 g Fett • 21% Fettkalorien

1 Orange
1/2 Mango
200 ml Kefir (1,5% F.)
2 cm frischer Ingwer
5 Eiswürfel
1 Zweig Minze

1. Die Orange halbieren und auspressen. Die Mango waschen, schälen, das Fruchtfleisch vom Kern schneiden und in Stücke teilen.

2. Das Mangofleisch mit dem Orangensaft pürieren und durch ein Sieb streichen. Den Orangen-Mango-Saft und den Kefir mischen. Den Ingwer schälen, sehr fein reiben und unter den Kefirdrink rühren.

3. Die Eiswürfel in ein großes Glas füllen und den Kefirdrink darauf gießen. Die Minze waschen, trockentupfen und den Drink damit dekorieren.

Bayrisches Apfelbrot

Für 20 Stücke • Zubereitungszeit: ca. 30 Minuten
Backzeit: ca. 45 Minuten • Zeit zum Durchziehen: 1 1/2 Tage
Pro Stück ca. 300 kcal • 58 g KH • 5 g Fett • 15% Fettkalorien

250 g Rosinen
20 g Cognac
750 g Äpfel
180 g Zucker
750 g getrocknete Feigen
1 TL Backpulver
500 g Vollkornmehl
125 g Haselnüsse
12 g Kakao
1 TL Zimt
1 TL Nelken

1. Die Rosinen mit einer Tasse Wasser und dem Cognac übergießen und abgedeckt über Nacht durchziehen lassen.

2. Die Äpfel waschen, schälen, entkernen und raspeln. Den Zucker über die Äpfel geben und vermischen.

3. Die Feigen in kleine Stücke schneiden. Den Backofen auf 220 °C vorheizen. Eine Kastenform (Länge 22 cm) mit Backpapier auslegen.

4. Die Rosinen mit der Einweichflüssigkeit in die Rührschüssel der Küchenmaschine geben, Äpfel und Feigen dazugeben und kräftig durchrühren.

5. Das mit Backpulver vermischte Mehl, die Nüsse und Gewürze zugeben und untermengen, bis ein fester Teig entstanden ist.

6. Den Teig in die Kastenform füllen und auf mittlerer Schiene backen. Nach 30 Minuten die Backform mit Backpapier abdecken, damit der Kuchen nicht verbrennt.

7. Das noch warme Apfelbrot nach dem Backen in Alufolie einpacken und im Kühlschrank mindestens einen Tag ziehen lassen.

Tipp Probieren Sie das Brot mal dick mit Magerquark und Apfelmus bestrichen.

„Extrem-Faulpelzing“: Ein Mal Apfelbrot backen, dann 3 Tage nicht mehr über das Frühstück und das „Teilchen“ zum Kaffee nachdenken.

Salate
Suppen
Eintöpfe

Oft sind es die kleinen Mahlzeiten, die wirklich gut tun. Nach einem langen Arbeitstag eine deftige Suppe, dazu ein Salat und ein leckeres Brot und schon sieht die Welt wieder freundlich aus.

Gerade Salate mit ihrem hohen Ölanteil im Dressing werden schnell zu „HIGH FETT 80"-Gerichten. Daher nur bestes Öl in geringen Dosen verwenden. Dazu gibts Nudeln, Kartoffeln, Reis oder Brot.

Wenn das Wetter ungemütlich ist, kommt die Zeit der Suppen und Eintöpfe. Sie wirken Wunder: warm, energiespendend, sättigend.

In Restaurants sind Salate wie Suppen selten LOW FETT 30. Deswegen: Dressing separat verlangen, Brot dazu bestellen und bei den Suppen der Minestrone, Bouillabaise und Nudeltopf den Vorzug geben.

„Chicken 4 ever"? Hühnchen passt auf nahezu jeden Salat und macht dann daraus je nach Größe einen Snack, ein kleines Gericht oder ein richtig leckeres Essen.

Hühner-Gemüse-Salat

Für 2 Personen • Zubereitungszeit: ca. 1 1/4 Stunden
Pro Portion ca. 240 kcal • 15 g KH • 8 g Fett • 30% Fettkalorien

120 g Kartoffeln
etwas Salz
50 g Zuckerschoten
1 Hühnerbrustfilet (150 g)
Pfeffer aus der Mühle
1 TL Öl
1/2 Salatgurke
100 g Weißkohl
1 rote Chilischote
2 Schalotten
1 Knoblauchzehe
10 g geröstete Erdnüsse
1/2 TL Erdnussöl
2 EL Kokoscreme (Dose)
Saft von 1/2 Limette

1. Die Kartoffeln schälen, waschen, in Stifte schneiden. In Salzwasser bissfest kochen, abtropfen und abkühlen lassen.

2. Die Zuckerschoten putzen, waschen, in Salzwasser blanchieren, abschrecken, abtropfen lassen und in mundgerechte Stücke schneiden.

3. Das Fleisch waschen, trockentupfen, mit Salz und Pfeffer würzen. Das Öl in einer Pfanne erhitzen und das Filet darin von jeder Seite etwa 5 Minuten braten. Abkühlen lassen und in Streifen schneiden.

4. Die Salatgurke waschen, schälen und in Stifte schneiden. Den Kohl putzen, waschen, die Strunkansätze herausschneiden, die Blätter in feine Streifen schneiden. Den Kohl in Salzwasser kurz blanchieren, abschrecken und abtropfen lassen.

5. Für das Dressing die Chilischote waschen, entkernen und fein würfeln. Die Schalotten und den Knoblauch schälen und zusammen mit den Erdnüssen fein hacken.

6. Chili, Knoblauch und Schalotten im Erdnussöl andünsten. Die Erdnussmasse und die Kokoscreme hinzufügen, erwärmen, aber nicht kochen lassen, mit Salz und Limettensaft abschmecken.

7. Die Salatzutaten in einer Schüssel vermischen und das Dressing unterheben.

Exotischer Garnelensalat

Für 2 Personen • Zubereitungszeit: ca. 30 Minuten
Auftauzeit: ca. 1 Stunde
Pro Portion ca. 180 kcal • 9 g KH • 5 g Fett • 25% Fettkalorien

200 g TK-Riesengarnelen, geschält
etwas Salz
1 Papaya
1/2 Salatgurke
10 g Pinienkerne
1/2 Friseesalat
Saft von 1/2 Limette
1 EL brauner Zucker
1 EL Fischsauce
1/2 TL chinesische Chilisauce
2 Msp. geriebener Ingwer
1/2 Bund Koriander

Exotischer Garnelensalat

1. Die Riesengarnelen nach Packungsanleitung auftauen lassen, waschen, den Darm entfernen und 2 Minuten in kochendem Salzwasser blanchieren. Die Garnelen abgießen und in mundgerechte Stücke schneiden.

2. Die Papaya waschen, schälen, halbieren, die Kerne herauslösen und das Fruchtfleisch in Würfel schneiden.

3. Die Gurke waschen, schälen und in kleine Stifte schneiden. Die Pinienkerne in einer Pfanne ohne Fett goldgelb rösten.

4. Den Friseesalat waschen, trockenschleudern und in mundgerechte Stücke zupfen. Anschließend die Strunkansätze und die Blattrippen herausschneiden.

5. Für die Sauce den Limettensaft mit dem Zucker verrühren. Eventuell etwas Wasser hinzufügen. Die Fisch- und Chilisauce sowie den Ingwer und abgezupfte Korianderblättchen darunter rühren.

6. Alle Salatzutaten in einer Schüssel miteinander vermengen und vor dem Servieren etwas durchziehen lassen.

Bunter Krautsalat

Für 2 Personen • Zubereitungszeit: ca. 15 Minuten • Zeit zum Durchziehen: ca. 4 Stunden
Pro Portion ca. 70 kcal • 12 g KH • 1 g Fett • 13% Fettkalorien

100 g Weißkohl
50 g Rotkohl
1 rote Paprikaschote
80 g Mais (Dose)
50 g Joghurt (1,5% F.)
6 EL Balsamicoessig
etwas Salz
Pfeffer aus der Mühle
etwas Zucker

1. Den Weiß- und Rotkohl waschen und die Strunkansätze herausschneiden. Den Kohl in feine Streifen schneiden.

2. Die Paprikaschote waschen, die Kerne und weiße Scheidewände entfernen, das Fruchtfleisch in dünne Stifte schneiden.

3. Den Mais abtropfen lassen, dabei die Flüssigkeit auffangen. Den Joghurt mit dem Essig, Salz, Pfeffer, Zucker und dem Maissud zu einer glatten Sauce verrühren.

4. Die Sauce über das Gemüse geben, alles gut vermengen und durchziehen lassen. Den Salat gekühlt servieren.

Sommer, 30 Grad und Zeit zum Abendessen. Aber nicht kochen und auch nicht das übliche Hasenfutter! Okay, hier kommt die Lösung!

Brot-Tomaten-Salat

Für 2 Personen • Zubereitungszeit: ca. 30 Minuten
Pro Portion ca. 290 kcal • 46 g KH • 7 g Fett • 22% Fettkalorien

350 g vollreife Eiertomaten
etwas Salz
Pfeffer aus der Mühle
1 Sardellenfilet
1/2 Bund Frühlingszwiebeln
150 g Ciabattabrot
1 Knoblauchzehe
1/2 Bund Basilikum
3 EL Weißwein
2 EL Balsamicoessig
1 Prise Zucker
1 EL Olivenöl

1. Die Tomaten waschen, trockentupfen, die Stielansätze entfernen und in Scheiben schneiden. Die Scheiben mit Salz und Pfeffer bestreuen und zugedeckt Saft ziehen lassen.

2. Inzwischen das Sardellenfilet kalt abwaschen, trockentupfen und sehr fein hacken. Das Grün der Frühlingszwiebeln bis auf 5 cm abschneiden. Die Frühlingszwiebeln waschen, trockentupfen und fein hacken.

3. Das Brot in Würfel schneiden. Den Knoblauch schälen und zerdrücken. Die Basilikumblätter von den Stielen zupfen, waschen, trockentupfen und 3/4 der Blätter in feine Streifen schneiden.

4. Das Brot in eine Schüssel geben. Den Knoblauch mit Weißwein und 1 Esslöffel Balsamicoessig verrühren und auf die Brotwürfel gießen.

5. Die Tomatenscheiben auf Tellern anrichten. Den restlichen Essig mit dem Tomatensaft, den Sardellen, Basilikumstreifen, Zucker, Öl und den Zwiebeln verrühren und auf die Tomaten geben. Die Brotwürfel und Basilikumblätter darüber verteilen und servieren.

Brot-Tomaten-Salat

Sauerkraut-Apfel-Salat

Für 2 Personen • Zubereitungszeit: ca. 15 Minuten • Zeit zum Durchziehen: ca. 30 Minuten
Pro Portion ca. 180 kcal • 14 g KH • 6 g Fett • 30% Fettkalorien

175 g Sauerkraut
1 großer Apfel (150 g)
100 g gekochter Schinken (3% F.)
75 g saure Sahne (10% F.)
1 TL gehackte Petersilie
1 TL Zucker
etwas Salz
Pfeffer aus der Mühle

1. Das Sauerkraut mit einer Gabel zerpflücken, eventuell grob zerschneiden und in eine Schüssel füllen.

2. Den Apfel waschen, vierteln und entkernen. Die Apfelviertel in Stifte schneiden und unter das Sauerkraut mischen.

3. Den gekochten Schinken in Streifen schneiden und ebenfalls unter das Sauerkraut heben.

4. Für die Sauce die saure Sahne mit der gehackten Petersilie verrühren und mit Zucker, Salz und Pfeffer abschmecken.
Die Salatzutaten mit der Sauce vermengen und alles 30 Minuten gut durchziehen lassen.

Zucchinisuppe mit Muscheln

Für 2 Personen • Zubereitungszeit: ca. 45 Minuten
Pro Portion ca. 220 kcal • 17 g KH • 7 g Fett • 29% Fettkalorien

1. Die Zucchini waschen und würfeln. Die Zwiebel und den Knoblauch schälen und fein hacken. Das Öl in einem größeren Topf erhitzen. Die Zwiebel- und Knoblauchwürfel darin andünsten. Die Zucchini zufügen und kurz anbraten.

2. Die Brühe angießen, mit Salz und Pfeffer abschmecken, zugedeckt etwa 25 Minuten köcheln lassen.

3. Inzwischen die Muscheln unter fließendem Wasser gut abbürsten, bereits geöffnete Muscheln wegwerfen. Die Muscheln entbarten, in einen Topf geben, den Wein hinzufügen und etwa 5 Minuten kochen lassen.

4. Die Zucchinisuppe pürieren und die saure Sahne unterrühren. Die Muscheln abgießen, den Fond dabei auffangen. Die ungeöffneten Muscheln wegwerfen, das Fleisch aus den geöffneten Muscheln herauslösen und in die Suppe geben.

5. Den Muschelfond durch ein Haarsieb gießen und ebenfalls zur Suppe geben. Das Basilikum waschen, in feine Streifen schneiden, die Suppe damit bestreuen und mit dem Brot servieren.

300 g Zucchini
1 Zwiebel
1 Knoblauchzehe
1 TL Olivenöl
350 ml Hühnerbrühe
etwas Salz
Pfeffer aus der Mühle
300 g Venusmuscheln
100 ml Weißwein
75 g saure Sahne (10% F.)
1 EL Basilikumblättchen
2 Scheiben Weißbrot

Tomatensuppe
mit Basilikum

Tomatensuppe mit Basilikum

Für 2 Personen • Zubereitungszeit: ca. 45 Minuten
Pro Portion ca. 220 kcal • 32 g KH • 6 g Fett • 25% Fettkalorien

500 g Tomaten
1 Zwiebel
2 TL Butter
4 Scheiben Weißbrot
1 Knoblauchzehe
1 EL Basilikumblättchen
125 ml Fleischbrühe
1 Prise Zucker
etwas Salz
Pfeffer aus der Mühle
1 EL Grappa
1 EL saure Sahne

1. Die Tomaten einritzen, mit kochendem Wasser überbrühen, kalt abschrecken, enthäuten und entkernen. Das Fruchtfleisch grob würfeln.

2. Die Zwiebel schälen, fein würfeln und in 1 Teelöffel Butter andünsten. Die Tomatenwürfel dazugeben und etwa 30 Minuten dünsten.

3. Inzwischen das Weißbrot würfeln. Die restliche Butter zerlassen. Den Knoblauch schälen, zerdrücken und in der Butter andünsten. Die Brotwürfel zugeben und rösten. Das Basilikum waschen, trockentupfen und in feine Streifen schneiden.

4. Die Brühe zu den Tomaten geben, die Suppe pürieren, mit Zucker, Salz, Pfeffer und Grappa abschmecken. Die Suppe in Teller geben, mit je einem Klecks saurer Sahne versehen und mit dem Basilikum und den Brotwürfeln bestreut servieren.

Rindfleischsuppe mit Pfannkuchen?
Okay, stimmt. Des isch d'Flädlesupp'.
Aber eben mal ein bisserl schärfer.

Rindfleischsuppe mit Pfannkuchenstreifen

Für 2 Personen • Zubereitungszeit: ca. 2 Stunden
Pro Portion ca. 480 kcal • 47 g KH • 13 g Fett • 24% Fettkalorien

- 1 Stück Ingwer (ca. 2 cm)
- 2 Knoblauchzehen
- 1 grüne Chilischote
- 1 rote Chilischote
- 3 Zitronenblätter
- 200 g Weißkohl
- 250 g Rindfleisch (Schulter)
- 600 ml Wasser
- 1 Ei
- 100 g Mehl
- 200 ml Milch (1,5% F.)
- 1 EL Öl
- 1 EL Limettensaft
- etwas Salz
- 1 Prise Cayennepfeffer

1. Den Ingwer und Knoblauch schälen, in feine Scheiben schneiden. Die Chilischoten waschen, entkernen und getrennt in feine Ringe schneiden. Die Zitronenblätter waschen.

2. Den Weißkohl waschen, vierteln und den Strunk herausschneiden. Den Kohl in feine Streifen schneiden. Das Fleisch waschen und in feine Streifen schneiden.

3. Den Ingwer, Knoblauch, die Zitronenblätter, grünen Chiliringe und das Fleisch in einen Topf geben, das Wasser angießen und alles etwa $1^1/_2$ Stunden zugedeckt bei schwacher Hitze köcheln lassen.

4. Inzwischen das Ei mit dem Mehl und der Milch verquirlen. Das Öl in einer kleinen, beschichteten Pfanne erhitzen, die Eiermasse hineingeben und einen Pfannkuchen backen. Aus der Pfanne nehmen, aufrollen und die Rolle quer in Streifen schneiden.

5. Zum Ende der Garzeit den Weißkohl und die roten Chiliringe in die Suppe geben und 5 Minuten weitergaren. Die Zitronenblätter entfernen.

6. Die Suppe mit Limettensaft, Salz und Cayennepfeffer abschmecken. Mit den Pfannkuchenröllchen servieren.

Rindfleischsuppe
mit Pfannkuchen

Kokos-Hühnersuppe

Für 2 Personen • Zubereitungszeit: ca. 30 Minuten
Pro Portion ca. 90 kcal • 14 g KH • 2 g Fett • 20% Fettkalorien

200 ml Wasser
150 g Kokosraspel
80 g Hähnchenbrustfilets
4 Zitronenblätter
1 Sternanis
400 ml Hühnerfond (Glas)
1 EL Speisestärke
3 Tomaten
einige Spritzer grüner Tabasco
1 TL Zitronensaft

1. Das kochende Wasser auf die Kokosraspel gießen und etwa 10 Minuten ziehen lassen.

2. Das Fleisch, 2 Zitronenblätter und Anis etwa 15 Minuten im Hühnerfond köcheln lassen. Den Fond durchsieben.

3. Die Kokosraspel gut ausdrücken und die aufgefangene Flüssigkeit mit der Speisestärke verrühren. Den Fond aufkochen und mit der Stärkemischung binden.

4. Das Fleisch würfeln, die Tomaten waschen, den Stielansatz entfernen und in Spalten schneiden. Zur Suppe geben, mit Tabasco und Zitrone abschmecken und mit Zitronenblättern garnieren.

Genau genommen macht man die echte Minestrone mit „Perlgraupen". Wenn Sie die nicht vorrätig haben, sind Nudeln eben auch wunderbar.

Minestrone

Für 2 Personen • Zubereitungszeit: ca. 45 Minuten
Pro Portion ca. 260 kcal • 44 g KH • 3 g Fett • 10% Fettkalorien

1 Möhre
1/2 Gemüsezwiebel
1 Stange Lauch
100 g Brokkoli
50 g Zuckerschoten
50 g Zucchini
1 TL Öl
500 ml Gemüsebrühe
1 Thymianzweig
1 Rosmarinzweig
1 Lorbeerblatt
etwas Salz
schwarzer Pfeffer aus der Mühle
100 g Suppennudeln, eifrei

1. Die Möhre waschen, schälen und in Streifen von etwa 3 cm Länge schneiden. Die Gemüsezwiebel schälen und würfeln. Den Lauch waschen und in etwa 1 cm lange Stücke schneiden.

2. Den Brokkoli waschen, in Röschen teilen und dicke Stiele in Stücke schneiden. Die Zuckerschoten waschen und je nach Länge halbieren. Die Zucchini waschen und in Würfel schneiden.

3. Das Öl in einem Topf erhitzen und die Zwiebelwürfel darin andünsten. Die Möhrenstreifen zugeben, kurz mitrösten. Die Brühe zugießen.

4. Den Thymian- und Rosmarinzweig waschen. Die Kräuter, Salz und Pfeffer hinzufügen und aufkochen lassen.

5. Das klein geschnittene Gemüse und die Nudeln zur Suppe geben und etwa 10 Minuten kochen lassen. Vor dem Servieren das Lorbeerblatt sowie die Kräuterzweige entfernen und alles noch einmal mit Salz und Pfeffer abschmecken.

Tipp Dazu reicht man in Italien geriebenen Parmesan. Bei 1 EL Parmesan ist Ihre Portion gerade noch LOW FETT 30.

Möhrentopf

Für 2 Personen • Zubereitungszeit: ca. 1¼ Stunden
Pro Portion ca. 310 kcal • 65 g KH • 14 g Fett • 22% Fettkalorien

- 200 g Schnitzelfleisch
- 1 EL Öl
- etwas Salz
- 1 EL gekörnte Brühe
- 350 g Möhren
- 300 g Kartoffeln
- ½ Stange Lauch
- 1 EL gerebelter Majoran
- 1 EL gehackte Petersilie

1. Das Fleisch waschen, trockentupfen und in Würfel schneiden. Das Öl in einem breiten Topf erhitzen und das Fleisch darin kräftig anbraten. So viel kochendes Wasser zugießen, dass das Fleisch gut bedeckt ist.

2. Etwas Salz und gekörnte Brühe hinzufügen und alles etwa ½ Stunde bei geschlossenem Topf sanft schmoren lassen.

3. Inzwischen die Möhren waschen, schälen und in Scheiben schneiden. Die Kartoffeln schälen, waschen und in Würfel schneiden. Den Lauch waschen und in Ringe schneiden.

4. Die Möhren, ⅔ der Kartoffeln, den Lauch und Majoran in den Topf geben und etwa 20 Minuten weiter kochen lassen.

5. Die restlichen Kartoffelwürfel separat in Salzwasser kochen, abgießen, pürieren und dem Eintopf zum Binden beifügen. Den Möhrentopf mit der Petersilie bestreut servieren.

Gemüseeintopf mit Gnocchi

Für 2 Personen • Zubereitungszeit: ca. 30 Minuten
Pro Portion ca. 130 kcal • 24 g KH • 2 g Fett • 14% Fettkalorien

200 g Gemüse der Saison (z.B. Wirsing, Sellerie, Möhren)

1/2 Gemüsezwiebel

1 TL Olivenöl

500 ml Gemüsebrühe

150 g stückige Tomaten (Dose)

2–3 TL TK-Kräutermischung, italienisch

etwas Salz

Pfeffer aus der Mühle

einige Spritzer Tabasco

100 g frische Gnocchi

1. Das Gemüse waschen, putzen und in mundgerechte Stücke oder Streifen schneiden. Die Zwiebel schälen und würfeln.

2. Das Öl in einem breiten Topf erhitzen und die Zwiebelwürfel darin dünsten. Das Gemüse dazugeben und kurz anrösten.

3. Mit der Brühe ablöschen, die Tomaten zugeben, umrühren und zum Kochen bringen. Mit den Kräutern, Salz, Pfeffer und Tabasco würzen.

4. Den Eintopf etwa 10 Minuten sanft köcheln lassen. Die Gnocchi zufügen und 2 weitere Minuten garen.

Bohneneintopf mit Backpflaumen

Für 2 Personen • Einweichzeit: über Nacht • Kochzeit: ca. 1 1/2 Stunden
Pro Portion ca. 570 kcal • 70 g KH • 13 g Fett • 21% Fettkalorien

Paprikasuppe

125 g weiße Bohnen
1 kleine Beinscheibe (mager)
150 g Kartoffeln
1 große Möhre
1 Zwiebel
1 Apfel
1 Stange Lauch
1 EL Öl
etwas Salz
Pfeffer aus der Mühle
75 g Backpflaumen (ohne Stein)
1 EL Petersilie

1. Die Bohnen über Nacht in reichlich Wasser einweichen. Am nächsten Tag die Bohnen mit dem Einweichwasser und der gewaschene Beinscheibe in einem großen Topf aufsetzen, etwa 750 ml Wasser zufügen und 1 Stunde köcheln lassen.

2. Inzwischen die Kartoffeln und Möhre schälen, waschen und klein schneiden. Die Zwiebel schälen und würfeln. Den Apfel waschen, entkernen und in kleine Stücke schneiden. Den Lauch waschen und in Ringe schneiden.

3. Das Fleisch herausnehmen. Die Kartoffeln zugeben und mitköcheln lassen. Die Zwiebeln in dem Öl anschwitzen. Die Möhren und den Lauch zugeben. Mit etwas Wasser ablöschen und zu den Bohnen geben.

4. Den Eintopf mit Salz und Pfeffer würzen. Die Backpflaumen dazugeben und alles zusammen noch etwa 10 Minuten köcheln lassen.

5. Das magere Fleisch von der Beinscheibe lösen, klein schneiden und mit der Suppe noch einmal erhitzen. Die Suppe mit Petersilie bestreuen.

Paprikasuppe

Für 2 Personen • Zubereitungszeit: ca. 30 Minuten
Pro Portion ca. 80 kcal • 12 g KH • 3 g Fett • 27% Fettkalorien

1 große, gelbe Paprikaschote

1 kleine Zwiebel

1 TL Butter

400 ml Gemüsebrühe

1/4 TL milder Curry

1/4 TL Kurkuma

etwas Salz

100 g Kartoffeln

schwarzer Pfeffer aus der Mühle

Cayennepfeffer

Paprikapulver, edelsüß

1. Die Paprikaschote waschen, die Kerne und weißen Scheidewände entfernen und die Paprika fein würfeln. Die Zwiebel schälen und fein hacken. Die Butter in einem Topf erhitzen und die Zwiebel unter Rühren andünsten.

2. Die Gemüsebrühe aufgießen, Curry, Kurkuma und Salz dazugeben. Die Kartoffeln schälen, waschen, würfeln und hinzufügen. Die Brühe aufkochen und bei schwacher Hitze etwa 20 Minuten köcheln lassen.

3. Die Suppe pürieren, nochmals erhitzen, mit Salz, Pfeffer, Cayennepfeffer und Paprikapulver abschmecken und servieren.

Hauptgerichte mit Fleisch & Fisch

In diesem Kapitel gibt es Fleisch satt. Nicht die üblichen 90 g Hähnchenbrust, nein, hier geht´s um vernünftige Mengen und damit wird die ganze Familie satt.

Hühnchen ist natürlich voll im Kurs, aber auch Fleisch- und Fischrezepte haben wir für Sie zusammengestellt.

Gerade Fisch sollten Sie regelmäßig zubereiten: Er ist reich an Jod (Seefisch), meist fettarm und vielseitig. Also die Grundlage für perfekte LOW FETT 30-Gerichte.

Im Restaurant sollten Sie gedünsteten Fisch bestellen, Bouillabaisse oder gegrillten Fisch. Bestellen Sie sich bei gegrilltem Fisch das Öl lieber extra. Italienische Restaurants gießen das Olivenöl gerne löffelweise über den Fisch!

Rinderfilet nach sardischer Art mit Gnocchi

Für 2 Personen • Zubereitungszeit: ca. 1 1/2 Stunden
Pro Portion ca. 600 kcal • 48 g KH • 19 g Fett • 29% Fettkalorien

FÜR DAS RINDERFILET:

2 EL gehackte Petersilie
2 EL gehackter Basilikum
1 EL geriebener Parmesan
1 1/2 EL Paniermehl
etwas Salz
Pfeffer aus der Mühle
1 kleine Scheibe Hartkäse
375 g Rinderfilet
2 TL Olivenöl
2 Salbeiblätter
2 Majoranzweige
3 EL Tomatensaft
50 ml trockener Rotwein

FÜR DIE GNOCCHI:

250 g mehlige Kartoffeln
etwas Salz
1 Eigelb
70 g Mehl

1. Für das Rinderfilet die gehackten Kräuter mit dem Parmesan und Paniermehl mischen, mit Salz und Pfeffer würzen. Den Käse in fingerbreite Streifen schneiden.

2. Das Fleisch waschen, trockentupfen, der Länge nach einschneiden. Mit der Kräuter-Mischung und den Käsestreifen füllen und mit Rouladennadeln fixieren.

3. Den Backofen auf 180 °C vorheizen. Das Öl in einem Bräter erhitzen. Den Salbei und Majoran waschen, trockentupfen und darin anbraten. Das Fleisch hinzufügen und von allen Seiten kräftig anbraten.

4. Den Tomatensaft mit dem Rotwein mischen und die Hälfte der Flüssigkeit zum Fleisch geben. Das Fleisch im Backofen etwa 30 Minuten braten.

5. In der Zwischenzeit für die Gnocchi die Kartoffeln mit der Schale in Salzwasser gar kochen, abgießen, pellen und noch heiß zerstampfen. Den Kartoffelbrei mit dem Eigelb, Mehl und etwas Salz zu einem Teig verkneten.

6. Den Teig zu Rollen formen, in 2 cm lange Stücke schneiden und diese mit dem Gabelrücken auf beiden Seiten eindrücken. Reichlich Salzwasser zum Kochen bringen und die Gnocchi darin gar ziehen lassen (bis sie an der Oberfläche schwimmen).

7. Das Fleisch aus dem Ofen nehmen und 5 Minuten ruhen lassen. Die restliche Tomatensaft-Rotwein-Mischung in einem kleinen Topf aufkochen lassen. Den Bratensatz mit etwas Wasser lösen, zugeben und etwas einkochen lassen. Das Fleisch in Scheiben schneiden und zusammen mit den Gnocchi und der Sauce servieren.

Tipp Wer es sich einfacher machen möchte, verwendet fertige, frische Gnocchi.

Überbackene Makkaroni

Für 2 Personen • Zubereitungszeit: ca. 45 Minuten
Pro Portion ca. 540 kcal • 65 g KH
17 g Fett • 28% Fettkalorien

150 g Makkaroni
100 g Tomaten
1 kleine Aubergine
1 Zucchini
1 kleine rote Paprikaschote
1 kleine gelbe Paprikaschote
100 g Champignons
1 Knoblauchzehe
1 EL Öl
1 kleine Zwiebel
100 g Rinderhackfleisch
etwas Salz
Pfeffer aus der Mühle
etwas gerebelter Thymian
etwas gerebelter Basilikum
30 g geriebener Edamer (30% F.i.Tr.)

1. Die Makkaroni in reichlich Salzwasser bissfest kochen, anschließend abgießen. Die Tomaten über Kreuz einritzen, mit kochendem Wasser überbrühen, enthäuten, die Stielansätze entfernen und klein schneiden.

2. Die Aubergine und Zucchini waschen und in Würfel schneiden. Die Paprikaschoten waschen, die Kerne und weißen Scheidewände entfernen und die Schoten in Streifen schneiden.

3. Die Champignons putzen und in Scheiben schneiden. Den Knoblauch schälen und zerdrücken. Den Backofen auf 200 °C vorheizen.

4. Das Öl in einen Topf geben und erhitzen. Die Auberginen, Zucchini, Paprika, Pilze und den Knoblauch dazugeben. Das Gemüse kurz andünsten. Die Tomatenstücke zufügen und alles im eigenen Saft etwa 10 Minuten schmoren lassen.

5. Die Zwiebel schälen, fein hacken, in einer beschichteten Pfanne zusammen mit dem Hackfleisch unter Rühren anbraten. Kräftig mit Salz, Pfeffer und den Kräutern würzen.

6. Die Makkaroni in eine Auflaufform geben. Das Gemüse und Hackfleisch miteinander vermischen und darüber geben. Das Ganze mit dem Käse bestreuen und etwa 10 Minuten überbacken.

Kaninchen in Tomatensauce

Kaninchen in Tomatensauce

350 g Kaninchenteile
etwas Salz
Pfeffer aus der Mühle
1 Zwiebel
150 g Möhren
1 Stange Staudensellerie
300 g Tomaten
1 EL Olivenöl
2 Knoblauchzehen
1 Zweig Rosmarin
2 Zweige Thymian
2 Lorbeerblätter
125 ml Weißwein
1 Prise geriebene Muskatnuss
125 g Bandnudeln

Für 2 Personen • Zubereitungszeit: ca. 1½ Stunden
Pro Portion ca. 620 kcal • 64 g KH • 20 g Fett • 29% Fettkalorien

1. Die Kaninchenteile waschen, trockentupfen und mit Salz und Pfeffer einreiben. Die Zwiebel schälen, die Möhren und den Sellerie putzen, waschen, alles würfeln. Die Tomaten über Kreuz einritzen, überbrühen, abschrecken, enthäuten, die Stielansätze entfernen. Die Tomaten entkernen und würfeln.

2. Das Öl in einem Schmortopf erhitzen. Das Fleisch darin von allen Seiten scharf anbraten, herausnehmen. Den Knoblauch schälen, den Rosmarin und Thymian waschen, mit dem Knoblauch und den Lorbeerblättern in dem Bratfett andünsten.

3. Die Zwiebel, Möhren und den Sellerie hinzufügen und andünsten. Den Wein und die Tomaten dazugeben, mit Salz, Pfeffer und Muskat würzen. Die Fleischstücke wieder in den Topf legen und alles etwa 45 Minuten schmoren lassen.

4. Die Nudeln in Salzwasser bissfest garen und zu dem Kaninchen servieren.

Indischer Lamm-Kartoffel-Topf

Für 2 Personen • Zubereitungszeit: ca. 1 Stunde
Pro Portion ca. 370 kcal • 34 g KH • 9 g Fett • 22% Fettkalorien

200 g mageres Lammfleisch
etwas Salz
Pfeffer aus der Mühle
1 EL Olivenöl
1 kleine Zwiebel
1 Knoblauchzehe
1 rote Paprikaschote
1 kleines Stück Ingwer
350 g kleine, neue Kartoffeln
1 Msp. Kreuzkümmel
1 TL milder Curry
1/2 TL scharfer Curry
350 ml Fleischbrühe
1 EL Worcestersauce
1 EL Sojasauce
1 EL Speisestärke
1/2 Bund Petersilie
1/2 Bund Koriander

1. Das Lammfleisch waschen, trockentupfen, in mundgerechte Stücke schneiden und mit Salz und Pfeffer würzen.

2. In einem großen Topf das Öl erhitzen und das Fleisch gut anbraten, dann aus dem Topf nehmen und beiseite stellen.

3. Die Zwiebel und Knoblauchzehe schälen und fein hacken. Die Paprika waschen, die Kerne und weißen Scheidewände entfernen. Die Paprika in feine Streifen schneiden. Den Ingwer schälen und sehr fein hacken. Alles im Bratfett einige Minuten unter Rühren anbraten. Wenn nötig mit etwas Wasser ablöschen.

4. Die Kartoffeln waschen, abbürsten, halbieren und zu dem Gemüse geben. Kümmel und Curry ebenfalls hinzufügen.

5. Die Brühe angießen, die Worcester- und Sojasauce dazugeben und das Fleisch unterrühren. Alles zugedeckt etwa 30 Minuten garen, bis die Kartoffeln und das Fleisch weich sind.

6. Die Speisestärke mit etwas kaltem Wasser anrühren und den Eintopf damit binden. Die Petersilie und das Koriandergrün waschen und fein hacken. Die Hälfte der Kräuter in den Eintopf rühren, den Rest zum Bestreuen verwenden.

Hühnerbrust mit Artischocken und Champignons

Für 2 Personen • Zubereitungszeit: ca. 30 Minuten • Backzeit: ca. 30 Minuten
Pro Portion ca. 390 kcal • 14 g KH • 11 g Fett • 25% Fettkalorien

1 EL Mehl
2 EL Paniermehl
etwas Salz
Pfeffer aus der Mühle
400 g Hühnerbrustfilet
1 EL Olivenöl
1 EL Butter
1 Zwiebel
250 g Artischockenherzen (Dose)
300 g Champignons
75 ml Hühnerbrühe
3 EL Wermut (Martini oder Cinzano)
1 EL gehackte Petersilie

1. Das Mehl und Paniermehl mit Salz und Pfeffer mischen. Die Hühnerbrustfilets waschen, trockentupfen, jeweils in 4 Stücke schneiden und diese in der Panade wenden.

2. Das Öl in einer Pfanne erhitzen, dann die Butter darin schmelzen. Die Fleischstücke von allen Seiten kräftig in dem Fett anbraten und in eine flache, feuerfeste Form legen.

3. Den Backofen auf 175 °C vorheizen. Die Zwiebel schälen und in feine Ringe schneiden. Die Artischocken abtropfen lassen. Die Champignons putzen und in Scheiben schneiden.

4. Die Zwiebelringe in dem Bratfett anbraten. Die Artischockenherzen hinzufügen und unter Rühren mitdünsten.

5. Die Pilze dazugeben und alles mit der Brühe und dem Wermut ablöschen. Die Mischung über das Fleisch verteilen und alles etwa 30 Minuten im Backofen garen. Mit der Petersilie bestreut servieren.

Tipp Eine typisch italienische Beilage ist Olivenbrot oder Ciabatta

Putenragout

Für 2 Personen • Zubereitungszeit: ca. 25 Minuten
Pro Portion ca. 550 kcal • 80 g KH • 9 g Fett • 15% Fettkalorien

- 200 g Penne
- etwas Salz
- 200 g Putenbrustfilet
- 1 Knoblauchzehe
- 1 kleine Zwiebel
- 200 g Zucchini
- 1 EL Öl
- einige Spritzer Zitronensaft
- Pfeffer aus der Mühle
- 2 EL saure Sahne (10% F.)

1. Die Nudeln in reichlich Salzwasser bissfest kochen, dann abgießen.

2. Inzwischen die Putenbrust waschen, trockentupfen und in mundgerechte Stücke schneiden. Die Knoblauchzehe schälen und durchpressen, die Zwiebel schälen und würfeln, die Zucchini waschen und klein schneiden.

3. Das Öl in einer Pfanne erhitzen und das Fleisch darin anbraten und herausnehmen. In dem Öl den Knoblauch und das Gemüse kräftig anbraten. Mit etwas Wasser ablöschen.

4. Das Fleisch wieder dazugeben, mit Zitronensaft, Salz und Pfeffer abschmecken. Die saure Sahne unterrühren und das Putenragout mit den Nudeln servieren.

Puten-Kartoffel-Spieße mit Joghurt-Mango-Sauce

Für 2 Personen • Zubereitungszeit: ca. 40 Minuten
Pro Portion ca. 410 kcal • 49 g KH • 12 g Fett • 26% Fettkalorien

8 kleine Kartoffeln
etwas Salz
150 g Joghurt (1,5% F.)
1 TL milder Curry
1/2 reife Mango
1/2 Bund Schnittlauch
Pfeffer aus der Mühle
1 kleine Zwiebel
150 g Putenbrustfilet
1 EL Öl

1. Die Kartoffeln waschen und mit der Schale in Salzwasser etwa 15 Minuten gar kochen.

2. Den Joghurt mit dem Curry verrühren. Die Mango waschen und schälen. Das Fruchtfleisch vom Stein schneiden und sehr klein würfeln. Die Würfel in die Joghurtsauce geben.

3. Den Schnittlauch waschen, trockentupfen, klein schneiden und ebenfalls in die Sauce rühren. Die Sauce mit Salz und Pfeffer abschmecken und kalt stellen.

4. Die Kartoffeln abgießen, abschrecken, kurz abkühlen lassen und pellen. Die Zwiebel schälen und vierteln. Die Viertel auseinander pflücken.

5. Die Putenbrust waschen, trockentupfen und in mundgerechte Stücke schneiden. Die Kartoffeln, Zwiebeln und Fleischstücke abwechselnd auf 2 Holzspieße stecken. Die Spieße salzen und pfeffern.

6. Das Öl in einer Pfanne erhitzen und die Spieße darin rundherum in etwa 10 Minuten braun braten lassen. Die Spieße mit der Joghurt-Mango-Sauce servieren.

Tipp Der ultimative Tipp für dieses Gericht heißt: „Zauberstab". Mangos klein zu schneiden ist echt 'ne Aufgabe. Mit dem Mixer oder Zauberstab gehts aber ruck, zuck.

Brav an LOW FETT 30 gehalten?
Dann haben Sie sich jetzt dieses Rezept
mit der gewissen Ladung Exotik verdient.

Und als Belohnung für
das Muschelputzen gehört ein Glas
trockener Weißwein einfach dazu.

Muscheln in Weißweinsauce

Für 2 Personen • Zubereitungszeit: ca. 1 Stunde
Pro Portion ca. 470 kcal • 34 g KH • 10 g Fett • 19% Fettkalorien

1 kg frische Miesmuscheln

1 Zwiebel

1 Stange Staudensellerie

1 EL Butter

schwarzer Pfeffer aus der Mühle

2 TL Zitronensaft

200 ml trockener Weißwein

2 Baguettebrötchen

1. Die Muscheln in kaltem Wasser waschen und abbürsten. Beschädigte oder geöffnete Muscheln wegwerfen. Die Bärte entfernen und die Muscheln in kaltes Wasser legen.

2. Die Zwiebel schälen und fein würfeln. Den Staudensellerie waschen und in kleine Stücke zerteilen. Die Butter in einem großen Topf zerlassen und die Zwiebel darin andünsten.

3. Die Muscheln hinzugeben, mit Pfeffer bestreuen, den Zitronensaft und Wein angießen. Bei großer Hitze und geschlossenem Deckel die Muscheln etwa 5 Minuten garen. Nach dem Öffnen der Muscheln noch 3 Minuten bei geringer Hitze weitergaren.

4. Die Muscheln abgießen, dabei den Sud auffangen. Nicht geöffnete Muscheln wegwerfen. Die Muscheln mit der Weißweinsauce und dem Baguette servieren.

Tipp Muscheln nur in Monaten mir „R" essen, also Dezember, Januar und so weiter. Dann können Sie das Rezept mit ruhigem Gewissen genießen.

Tagliatelle mit Zucchini und Garnelen

Tagliatelle mit Zucchini und Garnelen

250 g Zucchini
200 g Garnelen
1 Schalotte
1 Knoblauchzehe
einige Safranfäden
2 EL Olivenöl
150 g Tagliatelle
etwas Salz
Pfeffer aus der Mühle
2 EL gehackte Petersilie

Für 2 Personen • Zubereitungszeit: ca. 30 Minuten
Pro Portion ca. 490 kcal • 60 g KH • 13 g Fett • 24% Fettkalorien

1. Die Zucchini waschen und in Scheiben schneiden. Die Garnelen schälen, den Darm entfernen und waschen. Die Schalotte und den Knoblauch schälen und fein hacken. Die Safranfäden in 3 Esslöffel Wasser auflösen.

2. Das Öl in einem Topf erhitzen. Die Schalotte und den Knoblauch darin andünsten. Die Zucchini hinzufügen und leicht anbraten. Die Garnelen und den Safran zugeben und alles etwa 10 Minuten garen.

3. Die Nudeln in reichlich Salzwasser bissfest kochen und abgießen. Die Zucchini-Garnelen mit Salz und Pfeffer abschmecken, mit den Nudeln vermengen und mit der Petersilie bestreuen.

Die Länge der Zutatenliste sagt nichts über den Schwierigkeitsgrad: Auch elegante Rezepte lassen sich einfach zubereiten.

Seezungenröllchen in Tomatensauce

Für 2 Personen • Zubereitungszeit: ca. 1 Stunde
Pro Portion ca. 510 kcal • 43 g KH • 17 g Fett • 30% Fettkalorien

Für die Seezungenröllchen:

3 Frühlingszwiebeln
2 Knoblauchzehen
500 g Tomaten
1 EL Olivenöl
100 ml Tomatensaft
etwas Salz
Pfeffer aus der Mühle
1 Prise Zucker
2 Seezungenfilets (ca. 400 g)
8 Oliven mit Paprikafüllung
2 EL Semmelbrösel
1 Eigelb
1 EL gehackte Petersilie
1 EL gehackter Basilikum

Für den Reis:

1 kleine Zwiebel
1 Möhre
1 TL Butter
60 g Rundkornreis
200 ml Brühe

1. Für die Seezungenröllchen die Frühlingszwiebeln waschen und in feine Ringe schneiden. Den Knoblauch schälen und fein hacken.

2. Die Tomaten über Kreuz einritzen, mit kochendem Wasser überbrühen, abschrecken, enthäuten, die Stielansätze entfernen. Die Tomaten entkernen und das Fruchtfleisch in kleine Würfel schneiden.

3. Das Öl in einem Topf erhitzen. Die Frühlingszwiebeln und den Knoblauch darin anbraten. Die Tomaten und den Tomatensaft hinzufügen und alles etwas einkochen lassen. Mit Salz, Pfeffer und Zucker abschmecken.

4. Für den Reis die Zwiebel schälen, die Möhre waschen, schälen und beides fein würfeln. Die Butter in einem Topf zerlassen. Die Zwiebel- und Möhrenwürfel darin anbraten.

5. Den Reis hinzufügen, mit etwas Brühe auffüllen und etwa 25 Minuten zugedeckt köcheln lassen. Sobald die Flüssigkeit verkocht, wieder etwas Brühe hinzugeben, bis auch diese wieder verkocht ist.

6. Den Fisch waschen, trockentupfen und halbieren. Die Oliven fein hacken. Die Semmelbrösel mit den Oliven, dem Eigelb, Salz, Pfeffer und der Petersilie verrühren. Die Filets mit der Masse bestreichen, aufrollen und mit einem Zahnstocher zusammenstecken.

7. Die Röllchen mit der Naht nach unten in die Tomatensauce setzen und zugedeckt etwa 15 Minuten gar ziehen lassen. Dabei immer wieder mit Sauce begießen. Die Filets mit dem Basilikum bestreuen und zusammen mit dem Reis servieren.

Seezungenröllchen in Tomatensauce

Fruchtiges Rotbarschfilet

Für 2 Personen • Zubereitungszeit: ca. 25 Minuten
Pro Portion ca. 320 kcal • 32 g KH • 6 g Fett • 17% Fettkalorien

350 g Rotbarschfilet
1 EL Zitronensaft
1 TL Curry
1 TL Paprikapulver, edelsüß
etwas Salz
1 Zwiebel
1 EL Butter
2 Bananen
100 g frische Ananas
100 g TK-Erbsen

1. Den Fisch waschen, trockentupfen und in mundgerechte Stücke schneiden. Mit Zitronensaft beträufeln und mit dem Curry- und Paprikapulver sowie Salz bestreuen.

2. Die Zwiebel schälen, fein hacken und in einer Pfanne in der Butter andünsten. Die Fischstücke dazugeben und zugedeckt etwa 8 Minuten bei mittlerer Hitze garen.

3. Die Bananen schälen. Von der Ananas die Endstücke und den Mittelstrunk entfernen, dann schälen. Bananen und Ananas in kleine Stücke schneiden und mit den Erbsen in die Fischpfanne geben. Weitere 5 Minuten garen. Dazu Reis servieren.

Überbackenes Kabeljaufilet

Für 2 Personen • Zubereitungszeit: ca. 40 Minuten
Pro Portion ca. 270 kcal • 25 g KH • 8 g Fett • 27% Fettkalorien

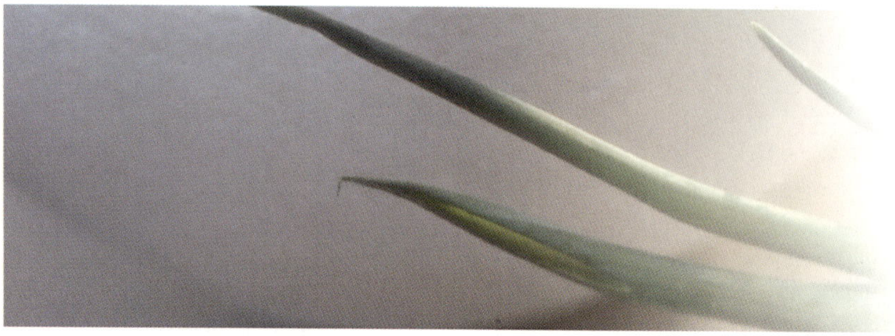

- 500 g Kabeljaufilet
- etwas Salz
- 3 EL Zitronensaft
- 1/2 TL Öl
- 1 Päckchen Curry-Sauce von Knorr (für 250 ml Wasser)
- 1 Dose Mandarinen
- 1 Bund Frühlingszwiebeln
- 200 g Champignons
- 1 EL rote Pfefferkörner

1. Das Kabeljaufilet waschen, trockentupfen, in große Stücke teilen, mit Salz würzen und mit Zitronensaft beträufeln. Die Fischstücke in eine mit Öl ausgepinselte Auflaufform legen.

2. Für die Sauce 1/4 l Wasser zum Kochen bringen, das Saucenpulver einrühren und 1 Minute kochen lassen. Die Mandarinen abtropfen lassen und den Saft dabei auffangen. 2 Esslöffel Saft unter die Sauce rühren. Den Backofen auf 200 °C vorheizen.

3. Die Frühlingszwiebeln waschen und in Ringe schneiden. Die Champignons putzen und in Scheiben schneiden. Die Mandarinen, Frühlingszwiebeln und Champignons mit dem Pfeffer in die Sauce geben und über den Fisch gießen.

4. Die Auflaufform in den Backofen schieben und den Fisch etwa 20 Minuten überbacken.

Tipp Dazu sehen orangefarbene Nudeln einfach super aus und schwarze sogar regelrecht mondän!

Fischgerichte sind auch dann angesagt,
wenn man etwas besonders Leckeres servieren möchte,
ohne den Geldbeutel zu arg zu belasten.

Vegetarische Hauptgerichte

Wir haben bei unseren vegetarischen Rezepten vor allem Kartoffel-, Reis-, und Nudelrezepte zusammengestellt, denn diese Produkte kann man eigentlich überall kaufen und sie machen angenehm satt.

Die Entwicklung von vegetarischen LOW FETT 30-Rezepturen ist relativ schwierig, da wir Käse, Sahne, Schmand oder Eier als wesentliche Bestandteile der traditionellen vegetarischen Küche nur in geringen Mengen verwenden können. Vegetarische Gerichte sind daher häufig auch viel zu fett, um wirklich gesund zu sein.

Doch testen Sie unsere Rezepte. Die Gerichte bekommen durch kleine Mengen Käse & Co. das gewisse Etwas, bleiben aber immer wunderbar leicht.

Gefüllte Kartoffeln

Für 2 Personen • Zubereitungszeit: ca. 45 Minuten • Backzeit: ca. 30 Minuten
Pro Portion ca. 340 kcal • 56 g KH • 9 g Fett • 24% Fettkalorien

Für die Kartoffeln:

4 große Kartoffeln (je 150 g)

75 g TK-Erbsen

etwas Salz

4 Nelken

Für die Sauce:

1 Zwiebel

1 cm frischer Ingwer

1 Tomate

1 EL Öl

1 TL braune Senfkörner

1 Lorbeerblatt

1/2 TL gemahlener Koriander

1/2 TL Chilipulver

1/2 TL Kurkumapulver

75 g saure Sahne (10% F.)

1 EL gehackte Korianderblätter

1. Die Kartoffeln schälen, waschen, der Länge nach halbieren, das Innere herausschneiden. Das Kartoffelinnere mit den Erbsen in 125 ml Salzwasser geben und in etwa 20 Minuten sehr weich kochen.

2. Das Wasser abgießen und das Gemüse mit einer Gabel sehr fein zerdrücken. Die Masse in die Kartoffelhälften füllen und jeweils 2 Hälften wieder zusammenfügen und mit einem Zahnstocher befestigen. In jede Kartoffel eine Nelke stecken.

3. Für die Sauce die Zwiebel und den Ingwer schälen und fein hacken. Die Tomate waschen, den Stielansatz entfernen und das Fruchtfleisch in kleine Würfel schneiden.

4. Das Öl in einer Pfanne erhitzen. Die Senfkörner und das Lorbeerblatt darin anrösten. Die Zwiebel zufügen und goldgelb braten. Die Tomate und den Ingwer mit den restlichen Gewürzen dazugeben und kurz mitbraten. Den Backofen auf 200 °C vorheizen.

5. Die saure Sahne mit etwas Wasser glatt rühren und unter das Gemüse geben. Die Kartoffeln in eine feuerfeste Form legen und die Gemüsesauce darauf verteilen. Das Ganze zugedeckt etwa 30 Minuten im Ofen garen und mit den Korianderblättern bestreut servieren.

Rahm-Käse-Kartoffeln

Für 2 Personen • Zubereitungszeit: ca. 45 Minuten
Pro Portion ca. 250 kcal • 22 g KH • 7 g Fett • 25% Fettkalorien

250 g Kartoffeln
250 ml Milch (1,5% F.)
etwas Salz
Pfeffer aus der Mühle
1 Prise geriebene Muskatnuss
100 g Champignons
50 g geriebener Edamer (30% F.i.Tr.)
3 EL Joghurt (1,5% F.)
3 EL saure Sahne (10% F.)
1 EL gehackte Petersilie

1. Die Kartoffeln schälen, waschen und in 1½ cm dicke Scheiben schneiden. Die Scheiben in einen Topf geben, die Milch zugießen, mit Salz, Pfeffer und Muskat würzen und etwa 15 Minuten garen.

2. Die Pilze putzen und in Scheiben schneiden. Den Backofen auf 200 °C vorheizen und eine Auflaufform dünn mit Öl auspinseln.

3. Die Kartoffeln mit den Champignons in die Form einschichten, mit Salz und Pfeffer würzen und etwa 20 Minuten überbacken.

4. Den Joghurt mit der Sahne und Petersilie verrühren, über die Kartoffeln geben, den Käse darüber streuen und nochmals etwa 5 Minuten überbacken, bis der Käse goldbraun ist.

Spaghetti arrabbiata

Für 2 Personen • Zubereitungszeit: ca. 40 Minuten
Pro Portion ca. 620 kcal • 99 g KH • 12 g Fett • 17% Fettkalorien

Spaghetti arrabbiata

250 g Spaghetti

etwas Salz

1 kleine Zwiebel

1 Knoblauchzehe

1 kleine, rote Chilischote

200 g geschälte Tomaten (Dose)

1 EL Butter

Pfeffer aus der Mühle

50 g frisch geriebener Parmesan

1. Die Nudeln in reichlich Salzwasser bissfest kochen. In der Zwischenzeit die Zwiebel und den Knoblauch schälen und fein würfeln. Die Chilischote waschen, trockentupfen, der Länge nach halbieren, entkernen und fein würfeln.

2. Die Tomaten abtropfen lassen und etwas zerkleinern. Die Butter in einem Topf heiß schäumend erhitzen. Die Zwiebel, den Knoblauch und Chili zur Butter geben und unter ständigem Rühren anbraten.

3. Die Tomaten dazugeben, gut verrühren und noch einmal aufkochen lassen. Die Sauce bei schwacher Hitze etwa 10 Minuten köcheln lassen und mit Salz und Pfeffer abschmecken.

4. Die Nudeln abgießen und etwas abtropfen lassen. In eine große Schüssel geben, mit der Sauce vermischen und mit dem Parmesan bestreut servieren.

Vollkornnudeln mit Spinat und Mozzarella

Für 2 Personen • Zubereitungszeit: ca. 30 Minuten
Pro Portion ca. 540 kcal • 85 g KH • 10 g Fett • 17% Fettkalorien

250 g Vollkornnudeln
etwas Salz
1 Zwiebel
1 TL Olivenöl
100 g TK-Blattspinat
200 g geschälte Tomaten (Dose)
Pfeffer aus der Mühle
1/2 Kugel Mozzarella

1. Die Nudeln in Salzwasser bissfest kochen. Inzwischen die Zwiebel in kleine Würfel schneiden, das Olivenöl in einer Pfanne erhitzen und die Zwiebel darin glasig dünsten. Den tiefgefrorenen Blattspinat hinzugeben und garen lassen.

2. Die Tomaten zerkleinern, den Saft zugeben, mit Salz und Pfeffer würzen und die Sauce 10 Minuten köcheln lassen.

3. Den Mozzarella in kleine Würfel schneiden und unter die Tomaten-Spinat-Sauce geben. Die Nudeln abgießen, etwas abtropfen lassen, auf Teller verteilen, die Sauce darüber geben und servieren.

Kartoffeln mit Frankfurter Grüner Sauce

Für 2 Personen • Zubereitungszeit: ca. 35 Minuten
Pro Portion ca. 330 kcal • 39 g KH • 7 g Fett • 19% Fettkalorien

400 g neue Kartoffeln
etwas Salz
1 Ei
4 EL saure Sahne (10% F.)
100 g Joghurt (1,5% F.)
Saft von 1 Zitrone
150 g Quark (0,2% F.)
Pfeffer aus der Mühle
etwas Zucker
120 g frische Kräuter (z. B. Schnittlauch, Petersilie, Kerbel, Kresse, Dill)
2 Schalotten

1. Die Kartoffeln abbürsten, mit der Schale in Salzwasser gar kochen und abgießen. Das Ei in kochendes Wasser legen und in etwa 8 Minuten hart kochen, dann abschrecken.

2. Die saure Sahne mit dem Joghurt, Zitronensaft und Quark gut verrühren. Mit Salz, Pfeffer und Zucker abschmecken.

3. Die Kräuter waschen, trockentupfen und klein hacken, einige Kräuter zum Garnieren beiseite legen.

4. Die Schalotten schälen, fein würfeln und zusammen mit den Kräutern unter die Sauce rühren. Das Ei pellen, in feine Würfel schneiden und unter die Sauce heben.

5. Die Sauce noch mal mit Salz, Pfeffer und Zitronensaft abschmecken und mit den Kartoffeln servieren.

Einfach ... köstlich. Es gibt Gerichte, die lassen einen schwelgen und genießen, die zergehen auf der Zunge und machen glücklich.

Gebratene Polenta mit Pilzen

Für 2 Personen • Zubereitungszeit: ca. 1 Stunde • Zeit zum Auskühlen: ca. 3 Stunden
Pro Portion ca. 440 kcal • 69 g KH • 11 g Fett • 23% Fettkalorien

etwas Salz

150 g Maisgrieß

3 Tomaten

1 Schalotte

1 Knoblauchzehe

400 g gemischte Speisepilze (z. B. Steinpilze, Pfifferlinge, Champignons)

1 EL Butter

1 TL Weizenmehl

Pfeffer aus der Mühle

1 EL Olivenöl

1 EL gehackte Petersilie

1. Für die Polenta 375 ml Wasser zusammen mit 1/2 Teelöffel Salz aufkochen lassen. Den Maisgrieß einrieseln lassen, einmal aufkochen und den Grieß bei schwacher Hitze etwa 30 Minuten zugedeckt ausquellen lassen. Die Polenta dann in eine rechteckige Form ausstreichen und darin auskühlen lassen.

2. In der Zwischenzeit die Tomaten über Kreuz einritzen, mit kochendem Wasser überbrühen, kalt abschrecken, enthäuten und die Stielansätze entfernen. Die Tomaten entkernen und das Fruchtfleisch in kleine Würfel schneiden.

3. Die Schalotte und den Knoblauch schälen und fein hacken. Die Pilze putzen und in Scheiben schneiden.

4. Die Butter in einer Pfanne zerlassen. Die Schalotte und den Knoblauch darin andünsten. Mit dem Mehl bestäuben und kurz bräunen. Die Pilze und Tomaten hinzufügen und alles garen. Mit Salz und Pfeffer abschmecken.

5. Die Polenta stürzen und in 1 cm dicke Scheiben schneiden. Das Öl in einer Pfanne erhitzen und die Polentascheiben darin von allen Seiten goldbraun braten. Die Polenta zusammen mit dem Pilzragout anrichten und mit der Petersilie bestreut servieren.

Gebratene Polenta mit Pilzen

Bunter Gemüsetopf mit Reis

etwas Salz

150 g Naturreis

1 Aubergine (ca. 150 g)

200 g Zucchini

1 gelbe Paprikaschote

1 grüne Paprikaschote

1 EL Öl

1 Packung Tomatenstücke mit Knoblauch (370 ml)

etwas gerebelter Thymian

etwas gerebeltes Rosmarin

Pfeffer aus der Mühle

Für 2 Personen • Zubereitungszeit: ca. 40 Minuten
Pro Portion ca. 390 kcal • 68 g KH • 8 g Fett • 18% Fettkalorien

1. Den Reis in reichlich Salzwasser etwa 35 Minuten kochen lassen. Inzwischen das Gemüse waschen. Die Aubergine würfeln und die Zucchini in Scheiben schneiden. Von den Paprikaschoten die Kerne und die weißen Scheidewände entfernen und die Paprika in Streifen schneiden.

2. Das Öl in einem Topf erhitzen, zuerst die Paprika, dann die Zucchini und Aubergine dazugeben und andünsten.

3. Die Tomatenstücke zugeben, mit dem Thymian, Rosmarin, Salz und Pfeffer würzen und das Ganze auf kleiner Flamme etwa 25 Minuten köcheln lassen. Den Reis abgießen und zusammen mit dem Gemüse servieren.

Risotto nach Bauernart

Spaghetti mit Kirschtomaten

Für 2 Personen • Zubereitungszeit: ca. 15 Minuten
Pro Portion ca. 620 kcal • 97 g KH • 13 g Fett • 19% Fettkalorien

250 g Spaghetti
200 g Kirschtomaten
1 TL Olivenöl
1/2 Päckchen TK-Basilikum
etwas Salz
Pfeffer aus der Mühle
50 g geriebener Parmesan

1. Die Spaghetti in kochendem Salzwasser bissfest kochen. Inzwischen die Kirschtomaten waschen und halbieren.

2. Die Spaghetti abgießen, etwas abtropfen lassen und in eine große Schüssel geben. Das Olivenöl, Basilikum und die Kirschtomaten darunter mischen. Alles mit Salz und Pfeffer würzen und mit Parmesan bestreut servieren.

Risotto nach Bauernart

Für 2 Personen • Zubereitungszeit: ca. 45 Minuten
Pro Portion ca. 500 kcal • 85 g KH • 9 g Fett • 16% Fettkalorien

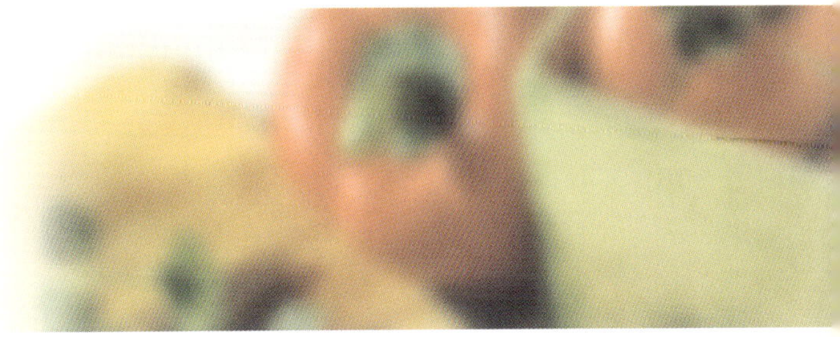

300 g Erbsen (mit Hülsen)
1 Zwiebel
130 g Rundkornreis
1 EL Olivenöl
75 ml Weißwein
350 ml Gemüsebrühe
1 kleine Zucchini
1 Stange Staudensellerie
200 g Tomaten
1 Knoblauchzehe
etwas Salz
Pfeffer aus der Mühle
1 EL gehackte Petersilie
1 EL gehackter Basilikum
1 EL Parmesan

1. Die Erbsen enthülsen. Die Zwiebel schälen und würfeln. Den Reis, die Erbsen und die Zwiebel in dem Olivenöl leicht anbraten, dann mit dem Wein ablöschen.

2. Den Reis bei kleiner Hitze unter gelegentlichem Rühren etwa 10 Minuten köcheln lassen. Dabei nach und nach 250 ml von der Brühe dazugeben

3. Die Zucchini und den Sellerie waschen und fein würfeln. Die Tomaten über Kreuz einritzen, mit kochendem Wasser überbrühen, kalt abschrecken, enthäuten und die Stielansätze entfernen. Die Tomaten entkernen und das Fruchtfleisch würfeln.

4. Die restliche Brühe aufkochen lassen. Das Gemüse hinzufügen und etwa 5 Minuten bissfest garen. Den Knoblauch schälen, durchpressen und hinzufügen. Mit Salz und Pfeffer würzen.

5. Das Gemüse zusammen mit den Kräutern unter den Reis heben und mit dem Parmesan bestreut servieren.

Tipp Wenn Sie noch 200 g Zuckerschoten zum Gemüse geben, schmeckt das Risotto noch „erbsiger".

Mexikanischer Gemüseauflauf

Für 2 Personen • Zubereitungszeit: ca. 45 Minuten
Pro Portion ca. 520 kcal • 65 g KH • 17 g Fett • 29% Fettkalorien

1 Zwiebel
1 Knoblauchzehe
1 kleine rote Chilischote
3 Stangen Staudensellerie
200 g Kidneybohnen (Dose)
200 g Mais (Dose)
1/2 rote Paprikaschote
1/2 grüne Paprikaschote
150 g Kartoffeln
1 EL Speiseöl
100 ml Gemüsebrühe
1 TL Tomatenmark
1 Msp. Chilipulver
1 Prise Salz
schwarzer Pfeffer aus der Mühle
2 Spritzer Tabasco
100 g saure Sahne (10% F.)
30 g Tortillachips
30 g geriebener Emmentaler

1. Die Zwiebel und den Knoblauch schälen und fein hacken. Die Chilischote waschen, putzen, entkernen und in feine Streifen schneiden. Den Sellerie waschen, putzen und in dünne Scheiben schneiden. Die Bohnen und den Mais in einem Sieb abtropfen lassen.

2. Die Paprikaschoten waschen, die Kerne und weißen Scheidewände entfernen und die Schoten in mundgerechte Stücke schneiden. Die Kartoffeln schälen und in feine Scheiben schneiden.

3. Das Öl in einem Topf erhitzen. Die Zwiebel und den Knoblauch darin anbraten, dann das zerkleinerte Gemüse, die Kartoffeln und die Chilistreifen zugeben. Den Backofen auf 200 °C vorheizen.

4. Die Bohnen und den Mais mit der Gemüsebrühe zum Gemüse geben und alles einmal aufkochen lassen. Mit Tomatenmark, Chilipulver, Salz, Pfeffer und Tabasco abschmecken.

5. Die Gemüsemischung mit der sauren Sahne vermischen und in eine flache Auflaufform geben. Die Tortillachips darüber legen, den Käse darüber streuen und etwa 20 Minuten überbacken.

Tipp Falls Sie keinen Tabasco im Haus haben, können Sie ebenso gut Cayennepfeffer oder Sambal Oelek zum „Schärfen" verwenden.

Mexikanischer Gemüseauflauf

Würziges Gemüsecurry

Für 2 Personen • Zubereitungszeit: ca. 40 Minuten
Pro Portion ca. 840 kcal • 117 g KH • 22 g Fett • 24% Fettkalorien

150 g Naturreis
etwas Salz
400 g Staudensellerie
200 g Möhren
1 Zwiebel
4 Tomaten
200 g Mungbohnenkeimlinge
1 EL Butter
1–2 EL Curry
200 ml Gemüsebrühe (Instant)
2 TL Speisestärke
100 ml Sahne (28% F.)
Pfeffer aus der Mühle

1. Den Reis in Salzwasser etwa 35 Minuten kochen. Das Gemüse waschen, evtl. schälen. Den Sellerie in Stücke, die Möhren in Scheiben und die Zwiebeln in Achtel schneiden. Die Tomaten waschen und in Spalten schneiden. Die Keimlinge waschen.

2. Die Butter in einer Pfanne erhitzen. Den Sellerie, die Möhren und Zwiebel darin andünsten. Mit Curry bestäuben, anschwitzen, mit der Brühe ablöschen und etwa 10 Minuten dünsten.

3. Die Tomaten und Keimlinge nach 7 Minuten zugeben und mit erhitzen. Die Speisestärke mit der Sahne verrühren und das Gemüse damit binden. Mit Curry, Salz und Pfeffer pikant abschmecken und mit dem abgetropften Reis servieren.

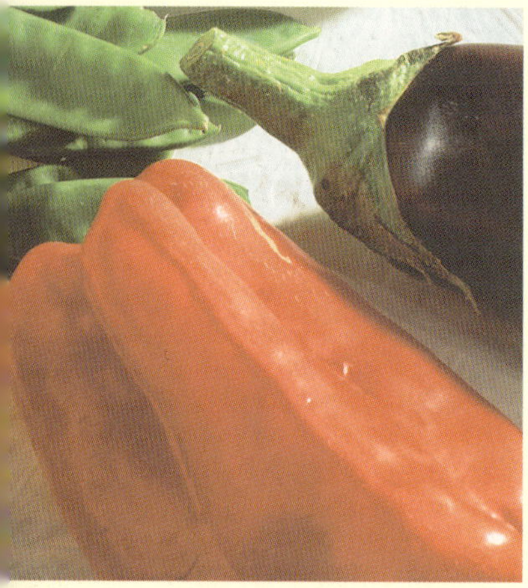

Auberginen-Kartoffel-Auflauf

Für 2 Personen • Zubereitungszeit: ca. 1 Stunde • Backzeit: ca. 30 Minuten
Pro Portion ca. 340 kcal • 50 g KH • 10 g Fett • 26% Fettkalorien

Auberginen-Kartoffel-Auflauf

- 300 g Auberginen
- etwas Salz
- 2 kleine rote Paprikaschoten
- 300 g Kartoffeln
- 1 Zwiebel
- 2 Knoblauchzehen
- 4 schwarze Oliven
- 1 EL Olivenöl
- 200 ml Tomatensaft
- Pfeffer aus der Mühle
- 1 TL gerebelter Oregano
- 2 Lorbeerblätter
- 200 g Zuckerschoten
- 1 EL gehackte Petersilie

1. Die Auberginen waschen, in größere Würfel schneiden, mit Salz bestreuen und etwa 20 Minuten Wasser ziehen lassen.

2. Inzwischen die Paprika waschen, die Kerne und weißen Scheidewände entfernen und die Paprika würfeln. Die Kartoffeln schälen und ebenfalls würfeln. Die Zwiebel und den Knoblauch schälen und fein hacken. Die Oliven entsteinen und hacken. Die Auberginenwürfel mit Küchenpapier trockentupfen.

3. Das Öl in einer Kasserole erhitzen. Die Zwiebel und den Knoblauch darin anbraten. Das gesamte Gemüse, bis auf die Zuckerschoten, hinzufügen und kurz anbraten. Den Tomatensaft, Pfeffer, Oregano und die Lorbeerblätter dazugeben und alles etwa 10 Minuten garen. Den Backofen auf 200 °C vorheizen.

4. Die Zuckerschoten waschen, putzen und dazugeben. Das Gemüse zugedeckt etwa 30 Minuten im Backofen garen. Die Lorbeerblätter herausnehmen und den Auflauf mit Petersilie bestreut servieren.

Zucchini-Mais-Kuchen

Für 2 Personen • Zubereitungszeit: ca. 30 Minuten • Backzeit: ca. 30 Minuten
Pro Portion ca. 500 kcal • 44 g KH • 16 g Fett • 29% Fettkalorien

1 Zwiebel
1 Knoblauchzehe
1 kleine Chilischote
50 g Mais (Dose)
350 g Zucchini
etwas Salz
Pfeffer aus der Mühle
1/4 TL gerebeltes Basilikum
1 kleines Ei
100 g Quark (0,2% F.)
1 Eiweiß
2 EL geriebener Edamer (30% F.i.Tr.)

1. Die Zwiebel und die Knoblauchzehe schälen und fein würfeln. Die Chilischote klein schneiden. Alles zusammen in einer Pfanne mit etwas Wasser bei kleiner Hitze andünsten.

2. Den Mais abtropfen lassen. Die Zucchini waschen und in etwa 1/2 cm dünne Scheiben schneiden. Beides in die Pfanne geben und mit Salz, Pfeffer und Basilikum würzen.

3. Den Backofen auf 175 °C vorheizen. Das Ei und den Quark verrühren. Das Eiweiß steif schlagen und darunter heben.

4. Eine Auflaufform dünn mit Öl auspinseln, die Gemüsemischung hineingeben und mit der Quarkmasse abdecken. Den Käse darüber streuen und für ca. 30 Minuten in den Backofen schieben.

Asiatisches Kartoffelragout

Für 2 Personen • Zubereitungszeit: ca. 35 Minuten
Pro Portion ca. 320 kcal • 57 g KH • 6 g Fett • 17% Fettkalorien

300 g Kartoffeln
1 Möhre
1 Knoblauchzehe
1 Schalotte
100 g Shiitakepilze
1 Frühlingszwiebel
1 Stange Staudensellerie
125 ml Gemüsebrühe
1/2 TL Speisestärke
etwas Salz
1 Prise Chilipulver
1 Prise geriebene Muskatnuss
1 EL Sojasauce
2 EL Sojaöl
1 EL gehackte Petersilie

1. Die Kartoffeln und die Möhre schälen, waschen und würfeln. Den Knoblauch und die Schalotte schälen und fein hacken.

2. Die Pilze abreiben, putzen und halbieren. Die Frühlingszwiebel und den Sellerie ebenfalls waschen und klein schneiden. Die Brühe mit der Speisestärke, dem Salz, Chili, Muskat und der Sojasauce verrühren.

3. Das Öl in einem Wok oder einer Pfanne erhitzen. Die Schalotte und den Knoblauch darin goldgelb braten. Die Kartoffeln, den Sellerie und die Möhren zugeben und etwa 5 Minuten unter Rühren mitbraten. Zuletzt die Pilze und die Frühlingszwiebel zufügen.

4. Die Brühe angießen und alles etwa 10 Minuten leicht köcheln lassen. Das Gericht mit Salz und Chili abschmecken und mit gehackter Petersilie bestreut servieren.

Asiatisches Kartoffelragout

Wokgemüse mit Reis

- 100 g Naturreis
- etwas Salz
- 150 g Brokkoli
- 100 g Chinakohl
- 100 g Möhren
- 1/2 Salatgurke
- 2 Frühlingszwiebeln
- 2 Knoblauchzehen
- 100 g junge Maiskölbchen
- 100 g Zuckerschoten
- 2 EL Sesamöl
- 2 EL Sojasauce
- 2 EL Reiswein
- 1 TL Honig
- 1 Prise Cayennepfeffer

Für 2 Personen • Zubereitungszeit: ca. 40 Minuten
Pro Portion ca. 360 kcal • 49 g KH • 11 g Fett • 28% Fettkalorien

1. Den Reis in Salzwasser etwa 35 Minuten kochen. Inzwischen das Gemüse waschen. Den Brokkoli in Röschen teilen und die Stiele in Scheiben schneiden. Den Kohl in Streifen, die Möhren in Stifte und die Gurke in Würfel schneiden.

2. Das Grün der Frühlingszwiebeln in etwa 5 cm lange Stücke schneiden und die Knollen halbieren. Den Knoblauch schälen und fein hacken. Die Maiskölbchen längs halbieren. Die Zuckerschoten eventuell entfädeln und halbieren.

3. Das Öl im Wok erhitzen. Den Knoblauch darin anbraten. Das restliche Gemüse hinzufügen und alles unter Rühren etwa 10 Minuten bei mittlerer Hitze braten.

4. Das Gemüse mit der Sojasauce, dem Reiswein, Honig, Salz und Cayennepfeffer abschmecken. Den Reis abgießen und mit dem Gemüse servieren.

Snacks und kleine Gerichte

Ein leckerer Snack für's Büro oder ein vernünftiges Abendessen ohne großen Aufwand: Unsere Rezepte für kleine Gerichte werden Ihnen schmecken.

Wer dazu neigt, den Fernsehabend mit einem gefüllten Teller zu beginnen, sollte sich nach Möglichkeit früher vor den Flimmerkasten setzen, denn nach 19 Uhr lässt die Verdauungstätigkeit drastisch nach, der Körper bereitet sich auf die Nachtruhe vor. Je früher Sie also Ihr Abendessen auftragen, um so mehr helfen Sie Ihrem Körper und Ihrer Figur.

Gegen Möhren, Apfelstückchen oder Kohlrabi ist allerdings auch später nichts einzuwenden. Doch eine Stunde vor dem Zu-Bett-Gehen sollten Sie die Küche meiden. Übrigens: Ein leerer Bauch schläft auch wesentlich besser!

Krabben-Baguette

Für 2 Personen • Zubereitungszeit: ca. 15 Minuten
Pro Portion ca. 270 kcal • 63 g KH • 8 g Fett • 26% Fettkalorien

- 1 hart gekochtes Ei
- 75 g Krabbenfleisch
- 3 Stangen grüner Spargel
- 2 EL Salatcreme (10% F.)
- 1 EL gehackter Dill
- 1 EL Zitronensaft
- etwas Salz
- etwas Cayennepfeffer
- 2 Baguettebrötchen
- 4 Blätter Eisbergsalat
- etwas Rosenpaprika

1. Das Ei schälen. Das Krabbenfleisch waschen und zusammen mit dem Ei grob hacken. Den Spargel waschen und in dünne Scheiben schneiden, die Spitzen ganz lassen.

2. Die Salatcreme mit dem Dill und Zitronensaft verrühren, mit Salz und Cayennepfeffer würzen. Das Ei, Krabbenfleisch und den Spargel mit der Creme vermengen.

3. Die Baguettebrötchen quer in der Mitte durchschneiden. Den Eisbergsalat waschen und trockenschleudern, in breite Streifen schneiden und die Hälfte auf die unteren Baguettbrötchenhälften verteilen.

4. Den Krabbensalat auf die Salatblätterstreifen verteilen. Mit den restlichen Salatblättern belegen und die oberen Hälften der Baguettes aufsetzen.

Thunfisch-sandwich

Thunfischsandwich

Für 2 Personen • Zubereitungszeit: ca. 15 Minuten
Pro Portion ca. 370 kcal • 38 g KH • 11 g Fett • 27% Fettkalorien

4 Scheiben Sandwich
150 g Thunfisch in Wasser
4 EL Salatcreme (20% F.)
1 EL milder Senf
etwas Salz
Pfeffer aus der Mühle
2 Tomaten
1 kleine rote Zwiebel
4 Blätter grüner Salat

1. Die Sandwiches diagonal durchschneiden. Den Thunfisch abtropfen lassen und mit einer Gabel zerpflücken. Die Salatcreme mit dem Senf, Salz und Pfeffer verrühren und den Thunfisch unterrühren.

2. Die Tomaten waschen, die Stielansätze entfernen und die Tomaten in dünne Scheiben schneiden. Die Zwiebel schälen und in feine Ringe schneiden.

3. Die Salatblätter waschen und trockenschleudern. Von den Sandwichecken je 3 Ecken mit dem Salat, der Thunfischpaste, den Tomatenscheiben und Zwiebelringen belegen und aufeinander legen. Die anderen Ecken als Deckel obenauf setzen.

Gefülltes Fladenbrot

- 50 g Schafskäse
- 50 g Hüttenkäse
- 2 Tomaten
- 1/2 Salatgurke
- 1/2 kleine gelbe Paprikaschote
- 10 entsteinte, schwarze Oliven
- 1 TL Olivenöl
- 1 EL Weißweinessig
- 1/2 TL Pizzagewürz
- 2 große Blätter Eisbergsalat
- 1/2 Fladenbrot

Für 2 Personen • Zubereitungszeit: ca. 15 Minuten
Pro Portion ca. 420 kcal • 55 g KH • 14 g Fett • 30% Fettkalorien

1. Schafs- und Hüttenkäse zerbröckeln und vermischen. Die Tomaten waschen und achteln.

2. Die Gurke waschen, schälen, längs halbieren und in Scheiben schneiden. Die Paprikaschote waschen, Kerne und Scheidewände entfernen, klein würfeln. Die Oliven in Scheiben schneiden.

3. Das Gemüse mit dem Käse in eine Schüssel geben. Das Öl, den Essig und die Würzmischung verrühren und die Salatsauce unter das Gemüse mengen. Die Salatblätter waschen und trockenschleudern.

4. Das Fladenbrot halbieren und so einschneiden, dass Taschen entstehen. Den Salat hineinschieben und das Gemüse hineinfüllen.

Brot mit Aufschnitt? Ach was, das ist längst kalter Kaffee. Bringen Sie Leben auf Ihr Brot. Dieses Grundnahrungsmittel ist so vielfältig in seinen Formen und Arten, da darf der Belag ruhig auch kreativ sein.

Geröstete Brotscheiben mit Leber

Für 2 Personen • Zubereitungszeit: ca. 40 Minuten
Pro Portion ca. 310 kcal • 35 g KH • 9 g Fett • 26% Fettkalorien

100 g frische Champignons
20 g Sellerie
1 kleine Möhre
1 Schalotte
1 TL Olivenöl
1 TL Butter
125 g Geflügelleber
1 EL gehackte Petersilie
1 EL Semmelbrösel
1 TL Zitronensaft
etwas Salz
Pfeffer aus der Mühle
1 TL Parmesan
6 Scheiben Weißbrot

1. Die Champignons putzen, den Sellerie und die Möhre waschen und alles in kleine Würfel schneiden. Die Schalotte schälen und fein würfeln.

2. Das Öl und die Butter in einer Pfanne erhitzen. Die Champignons, das Gemüse und die Leber zugeben und alles etwa 5 Minuten schmoren.

3. Das Schmorgut fein pürieren oder sehr fein hacken. Die Lebermasse mit der Petersilie zurück in die Pfanne geben, 3 Esslöffel Wasser hinzufügen und alles etwa 5 Minuten köcheln lassen. Die Masse dann mit den Semmelbröseln binden.

4. Den Backofen auf 200 °C Oberhitze vorheizen. Die Leberfarce mit Zitronensaft, Salz, Pfeffer und Parmesan abschmecken. Die Weißbrotscheiben halbieren, die Lebercreme darauf verteilen und im Ofen kurz überbacken.

Tipp Falls Sie keine Hähnchenleber bekommen, können Sie auch die gleiche Menge Kalbs- oder Rinderleber nehmen.

Rohkostplatte mit verschiedenen Dips

Für 2 Personen • Zubereitungszeit: ca. 30 Minuten
Pro Portion ca. 290 kcal • 39 g KH • 4 g Fett • 12% Fettkalorien

100 g Möhren
1 Knolle Kohlrabi
1 Zucchini
1/2 Salatgurke
1/2 Bund Radieschen
2 Baguettebrötchen

Für den Schafskäsedip:
20 g Schafskäse
100 g Quark (0,2% F.)
1 Frühlingszwiebel
1 EL Schnittlauchröllchen
etwas Salz
Pfeffer aus der Mühle

Für den Paprika-Safran-Dip:
100 g Quark (0,2% F.)
50 g Joghurt (0,1% F.)
1/2 rote Paprikaschote
1/2 gelbe Paprikaschote
1/2 Briefchen Safranfäden
etwas Salz
1 Msp. Paprika, edelsüß

1. Die Möhren und Kohlrabiknolle waschen und schälen. Die Zucchini und Gurke waschen. Die 4 Gemüsesorten in etwa 1/2 cm dicke und 7 cm lange Stifte schneiden.

2. Von den Radieschen die Wurzeln und die Blätter so abschneiden, dass die Stiele ohne Blätter am Radieschen bleiben. Die Radieschen waschen. Das Gemüse auf einer großen Platte anrichten.

3. Für den Schafskäsedip den Schafskäse mit einer Gabel zerdrücken und mit dem Quark gut verrühren. Die Frühlingszwiebel waschen, in Ringe schneiden und mit dem Schnittlauch unter die Quarkmasse rühren. Mit Salz und Pfeffer abschmecken.

4. Für den Paprika-Safran-Dip den Quark und Joghurt miteinander verrühren. Die Paprikaschoten waschen, die Kerne und weißen Scheidewände entfernen. Die Paprika in kleine Würfel schneiden und zusammen mit den Safranfäden unter die Quarkmasse rühren. Mit Salz und Paprika würzen.

Tipp Wenn Gäste kommen, die Mengen großzügig bemessen. Es ist unglaublich, wie schnell bei Einladungen diese Schüsselchen leer sind!

In besseren Restaurants gehören Dips
mit Brot oder Rohkost längst zum Standard.
Unsere beiden Dips sind herzhaft und würden auch
Ihren Gästen als kleines amuse geule schmecken.

Eine Variante von vielen ...
Ihre Kreativität ist gefragt!
Die Riesengarnelen werden in jeder Kombination
ihrem Ruf als Liebling der Gourmets gerecht.

Garnelenspieße

Für 2 Personen • Zubereitungszeit: ca. 30 Minuten
Pro Portion ca. 320 kcal • 11 g KH • 6 g Fett • 17% Fettkalorien

200 g Ananas (Dose)

6 Riesengarnelen

1/2 TL Öl

2 EL cremiger Joghurt (1,5% F.)

etwas Salz

Pfeffer aus der Mühle

1/2 TL Curry

1. Die Ananasscheiben abtropfen lassen, den Saft auffangen und die Scheiben in mundgerechte Stücke schneiden.

2. Die Garnelen waschen, trockentupfen, an der Rückseite der Länge nach einritzen, den Darm entfernen und mit je 1–2 Stück Ananas auf Spieße stecken.

3. Eine beschichtete Pfanne mit Öl auspinseln und die Spieße darin auf beiden Seiten 2–3 Minuten anbraten.

4. Aus dem Joghurt, Salz, Pfeffer, Curry und 1 Esslöffel Ananassaft einen Dip rühren und zu den Garnelenspießen reichen.

Paprika mit Weintrauben

Für 2 Personen • Zubereitungszeit: ca. 15 Minuten
Pro Portion ca. 180 kcal • 32 g KH • 5 g Fett • 25% Fettkalorien

1 große rote Paprikaschote
1 große gelbe Paprikaschote
10 g Butter
300 g grüne Weintrauben
etwas Salz
1/2 EL Ketchup
1 TL Zucker

1. Die Paprikaschoten waschen, die Kerne und weißen Scheidewände entfernen und die Schoten in Streifen schneiden. Die Butter in einer Pfanne erhitzen und die Paprikastreifen in der Butter weichdünsten.

2. Die Weintrauben waschen, zu den Paprika geben und etwas mitschmoren lassen. Mit Salz, Ketchup und Zucker abschmecken. Auf Tellern anrichten und servieren.

Tipp Dieses kleine, delikate Gericht schmeckt auch wunderbar als Chutney zu Fleisch oder als Sauce zum Grillen.

Nudelsalat mit Pfifferlingen

Für 2 Personen • Zubereitungszeit: ca. 45 Minuten • Zeit zum Durchziehen: ca. 1 Stunde
Pro Portion ca. 330 kcal • 60 g KH • 4 g Fett • 11% Fettkalorien

250 g Farfalle-Nudeln
etwas Salz
100 g Pfifferlinge (Glas)
1 Schalotte
1/2 Bund Frühlingszwiebeln
1 TL Öl
Pfeffer aus der Mühle
100 g Joghurt (0,1% F.)
1/4 TL Curry
1 EL Salatcreme (20% F.)
2 EL gehackte Petersilie
1 Zweig Estragon

1. Die Farfalle etwa 10 Minuten in Salzwasser bissfest kochen, abgießen und abtropfen lassen. Die Pfifferlinge abtropfen lassen.

2. Die Schalotte schälen und fein hacken. Die Frühlingszwiebeln putzen und waschen. Das Grün schräg in feine Ringe schneiden. Das Weiße der Frühlingszwiebeln fein hacken.

3. Das Öl in einer Pfanne erhitzen und die Schalotten und die gehackten Frühlingszwiebeln darin andünsten. Die Pfifferlinge zugeben und einige Minuten mit anbraten, dann alles mit Pfeffer würzen.

4. Die Nudeln mit der heißen Pilz-Schalotten-Mischung und den in Ringe geschnittenen Frühlingszwiebeln in eine Schüssel geben und vermengen.

5. Den Joghurt mit dem Curry, der Salatcreme und Petersilie vermischen, mit Salz abschmecken und unter den Salat mischen. Den Salat etwa 1 Stunde durchziehen lassen, nochmals abschmecken und mit dem Estragon garniert servieren.

Tipp Nahezu jedes andere Gemüse ist ebenfalls dazu bereit, mit den Pfifferlingen zu tauschen, entweder allein oder in Gesellschaft mit anderen.

Und hier noch ein Alleskönner und Kombinationsprofi: der Nudelsalat. Er darf auf keiner Fete fehlen und ist der erklärte Liebling aller kleinen und großen Partygäste.

Zucchini-Möhren-Minitartes

Für 2 Personen • Zubereitungszeit: ca. 1 Stunde • Gehzeit: ca. 30 Minuten • Backzeit: ca. 20 Minuten
Pro Portion ca. 770 kcal • 83 g KH • 25 g Fett • 29% Fettkalorien

Für den Hefeteig:

1/4 Würfel Hefe (10 g)
4 EL warme Milch (1,5 % F.)
100 g Mehl
1 Msp. Salz
1/2 TL Paprika, edelsüß
1/2 TL zerlassene Butter
Fett für die Form

Für den Belag:

100 g Zucchini
100 g Möhren
etwas Salz
1 Zwiebel
1 Knoblauchzehe
Pfeffer aus der Mühle
1 Zweig Zitronenmelisse
50 g Joghurt (1,5 % F.)
1 Ei
75 g geriebener Emmentaler

1. Für den Hefeteig die Hefe in der Milch und 1–2 Esslöffel lauwarmem Wasser auflösen. Das Mehl mit Salz und Paprikapulver mischen und mit der Hefemilch und der Butter zu einem elastischen Teig verkneten. Den Teig zugedeckt an einem warmen Ort etwa 30 Minuten gehen lassen.

2. Inzwischen die Zucchini und Möhren putzen, waschen, eventuell schälen und in dünne Scheiben schneiden. Die Zucchinischeiben in kochendem Salzwasser etwa 2 Minuten , die Möhrenscheiben etwa 3 Minuten blanchieren. Beides kalt abschrecken und gut abtropfen lassen.

3. Die Zwiebeln und den Knoblauch schälen und fein hacken. Beides in einer beschichteten Pfanne mit etwas Wasser andünsten. Den Zweig Zitronenmelisse waschen, trockentupfen, 1/3 der Blättchen beiseite legen. Die restlichen Blättchen in Streifen schneiden und unter die Zwiebel- Knoblauch-Masse rühren.

4. Den Hefeteig in 4 Stücke teilen. Diese auf einer bemehlten Arbeitsfläche zu kleinen Kreisen ausrollen (ø ca. 14 cm). 4 Backförmchen (ø 12 cm) leicht einfetten und die Teigkreise hineinlegen.

5. Den Backofen auf 180 °C vorheizen. Für den Guss Joghurt und Ei verrühren. Mit Salz und Pfeffer würzen. Zum Belegen erst etwas Käse und dann die Zwiebel- Knoblauch-Masse auf den Tartes verteilen. Die Gemüsescheiben abwechselnd kreisförmig darauf legen. Zum Schluss den Joghurt-Guss darüber gießen und mit dem restlichen Käse bestreuen.

6. Die Tartes auf der untersten Schiene etwa 20 Minuten backen und vor dem Servieren mit Zitronenmelisse garnieren.

Auch so ein Dauerbrenner ...
ob fürs Partybuffet oder als
kleines Essen am Abend ...
der Kartoffelsalat ist immer richtig.

Kartoffelsalat mit Zucchini und Tomaten

Für 2 Personen • Zubereitungszeit: ca. 45 Minuten • Zeit zum Durchziehen: ca. 2 Stunden
Pro Portion ca. 260 kcal • 40 g KH • 7,5 g Fett • 26% Fettkalorien

400 g fest kochende Kartoffeln

etwas Salz

25 g getrocknete Tomaten in Öl

300 g Zucchini

1 rote Zwiebel

75 ml Gemüsebrühe

Pfeffer aus der Mühle

1/2 TL Senf

2 EL Weißweinessig

1/2 Bund Basilikum

15 g Pinienkerne

1. Die Kartoffeln waschen und mit der Schale in wenig Salzwasser etwa 20 Minuten gar kochen.

2. Inzwischen das Öl von den Tomaten abtropfen lassen und 1 Esslöffel von dem Öl auffangen. Die Zucchini waschen, längs halbieren und die Hälften quer in dünne Scheiben schneiden.

3. Die Zwiebel schälen und würfeln. Das Tomatenöl erhitzen und die Zwiebelwürfel darin glasig dünsten. Die Gemüsebrühe zugießen und aufkochen lassen. Mit Salz und Pfeffer abschmecken, dann den Senf und Weißweinessig zugeben.

4. Die Kartoffeln abgießen, etwas abkühlen lassen, pellen und in Scheiben schneiden. Die Kartoffelscheiben mit der heißen Zwiebelbrühe übergießen und vorsichtig mischen.

5. Die abgetropften Tomaten würfeln und zusammen mit den Zucchinischeiben unter die Kartoffeln heben. Das Basilikum waschen, trockentupfen, die Blätter abzupfen und in feine Streifen schneiden.

6. Die Pinienkerne in einer Pfanne bei mittlerer Hitze ohne Fett unter Rühren rösten. Das Basilikum und die Pinienkerne zum Kartoffelsalat geben. Den Salat etwa 2 Stunden durchziehen lassen.

Weiße Bohnen
in Tomaten-Kräuter-Sauce

Weiße Bohnen in Tomaten-Kräuter-Sauce

Für 2 Personen • Zubereitungszeit: ca. 1½ Stunden • Einweichzeit: ca. 12 Stunden
Pro Portion ca. 260 kcal • 36 g KH • 6 g Fett • 21% Fettkalorien

125 g weiße Bohnen
1 Zwiebel
1 Knoblauchzehe
250 g Tomaten
1 EL Olivenöl
1 Msp. gerebeltes Rosmarin
1 Msp. gerebelter Oregano
etwas Salz
Pfeffer aus der Mühle

1. Die Bohnen mit kaltem Wasser bedeckt über Nacht einweichen. Am nächsten Tag die Bohnen mit dem Einweichwasser aufkochen lassen und bei milder Hitze etwa 1 Stunde köcheln lassen.

2. Inzwischen die Zwiebel und den Knoblauch schälen und fein würfeln. Die Tomaten einritzen, überbrühen, abschrecken, enthäuten und die Stielansätze entfernen. Die Tomaten entkernen und würfeln.

3. Das Öl in einem Topf erhitzen. Die Zwiebel- und Knoblauchwürfel darin glasig dünsten. Die Tomaten und die Bohnen dazugeben und bei mittlerer Hitze etwa 10 Minuten köcheln lassen. Die Kräuter zugeben und mit Salz und Pfeffer abschmecken.

Fleischbällchen

Für 2 Personen • Zubereitungszeit: ca. 35 Minuten
Pro Portion ca. 300 kcal • 58 g KH • 7 g Fett • 21% Fettkalorien

1 kleine Zwiebel
200 g gehacktes Rindfleisch (aus der Keule)
1 kleines Ei
2 EL Semmelbrösel
2 EL Quark (0,2% F.)
etwas Salz
Pfeffer aus der Mühle
1 EL Ketchup
2 Scheiben Roggenvollkornbrot

1. Den Backofen auf 200 °C vorheizen. Ein Backblech mit Cross&Frit Papier auslegen. Die Zwiebel schälen und fein hacken.

2. Das Fleisch mit dem Ei, Semmelbröseln, Quark, der Zwiebel, Salz, Pfeffer und Ketchup gut vermengen.

3. Aus der Masse 10 kleine Bällchen formen und im Backofen etwa 30 Minuten backen, dabei zwischendurch wenden.

4. Die Fleischbällchen mit dem Roggenvollkornbrot servieren.

Marinierte Zucchini

Für 2 Personen • Zubereitungszeit: ca. 20 Minuten • Marinierzeit: ca. 2 Stunden
Pro Portion ca. 215 kcal • 29 g KH • 6 g Fett • 27% Fettkalorien

300 g kleine Zucchini

Salz

je 2 Zweige Minze und Basilikum

1/2 Bund glatte Petersilie

2 Knoblauchzehen

3 EL Weißweinessig

Pfeffer aus der Mühle

1 Prise Zucker

1 EL Olivenöl

2 Stück Baguette (je 50 g)

1. Die Zucchini waschen, putzen und in etwas dickere Scheiben schneiden. Mit Salz bestreuen und etwa 10 Minuten Wasser ziehen lassen.

2. Inzwischen die Kräuter waschen, trockentupfen und fein hacken. Den Knoblauch schälen, durchpressen und mit den Kräutern mischen. Die Hälfte der Kräuter-Knoblauch-Mischung mit Essig, Salz, Pfeffer und Zucker verrühren.

3. Die Zucchini mit Küchenpapier abtupfen und im heißen Öl von beiden Seiten braten. Auf Küchenpapier entfetten und auf 2 Tellern anrichten. Die Zucchinischeiben mit der Essig-Kräuter-Mischung beträufeln.

4. Die restliche Kräuter-Knoblauch-Mischung auf den Zucchini verteilen und zugedeckt etwa 2 Stunden marinieren lassen. Zusammen mit dem Brot servieren.

Tipp Dieses Rezept passt auch hervorragend auf ein italienisches oder spanisches Buffet.

Gemüseantipasti

Für 2 Personen • Zubereitungszeit: ca. 30 Minuten • Marinierzeit: ca. 1 Stunde
Pro Portion ca. 280 kcal • 42 g KH • 7 g Fett • 23% Fettkalorien

2 kleine Zucchini
1/2 Bund Frühlingszwiebeln
1 rote Paprikaschote
1 gelbe Paprikaschote
100 g große Champignons
200 ml Gemüsebrühe
1 EL Olivenöl
2 EL Balsamicoessig
Salz, Pfeffer aus der Mühle
1 EL gehackte italienische Kräuter
1 Knoblauchzehe
6 Scheiben Baguette

1. Das Gemüse waschen und putzen. Die Zucchini in Scheiben und die Frühlingszwiebeln in Röllchen schneiden. Die Paprikaschoten entkernen und in breite Streifen schneiden. Die Champignons halbieren.

2. Die Brühe aufkochen. Das Gemüse nacheinander in die Brühe geben und jeweils etwa 5 Minuten garen. Gut abtropfen lassen.

3. Aus Olivenöl, Essig, Salz, Pfeffer, Kräutern und 2 Esslöffeln Wasser eine Marinade bereiten. Den Knoblauch dazupressen. Das noch warme Gemüse mit der Marinade beträufeln und zugedeckt etwa 1 Stunde ziehen lassen. Mit dem Brot servieren.

Süßspeisen und Gebäck

Kekse, Kuchen, Desserts, alles kein Problem. Was nicht heißt, dass Sie nur noch süße Gerichte essen sollen.

Gelegentliche Kompromisse sind nicht schlecht. Sie sollten z. B. versuchen, bei Kuchen und Desserts vollwertige Mehle zu verwenden. Entscheiden Sie sich auch öfter für andere Süßungsmittel: Honig z. B. ist in vielen Fällen eine gute Alternative zu weißem Zucker. Greifen Sie auch bei Süßattacken von Zeit zu Zeit auf Trockenobst zurück.

Wenn Sie sich aber an die Grundregel von LOW FETT 30 halten, wirklich nur dann zu essen, wenn Sie Hunger haben, spricht wirklich nichts gegen hingebungsvollen Genuss.

Nur wenige Wochen im Jahr sind sie zu bekommen: die Sauerkirschen. Dann aber gehört die echte Sauerkirschgrütze zum absoluten Muss.

Sauerkirschgrütze

Für 2 Personen • Zubereitungszeit: ca. 45 Minuten
Pro Portion ca. 400 kcal • 95 g KH • 2 g Fett • 5% Fettkalorien

350 g frische Sauerkirschen
150 g Zucker
1 TL Speisestärke
1/2 TL Zimt

1. Die Sauerkirschen waschen, entstielen, entkernen, in einen schweren Topf geben und mit Wasser bedecken. Den Zucker über die Kirschen geben und so lange kochen lassen, bis sie beginnen weich zu werden.

2. In der Zwischenzeit die Speisestärke und den Zimt mit kaltem Wasser anrühren, zu den weichen Kirschen geben und kräftig unterrühren.

3. Sobald die Masse beginnt einzudicken, den Topf von der Herdplatte nehmen und in eine große Schüssel zum Auskühlen geben.

Tipp Probieren Sie dazu
Instant-Vanillesauce oder Vanillequark (0,2% F.).
Decken Sie sich mit Sauerkirschen zur Saison ein.
Gründlich entkernen und die kleinen Früchtchen
350-Gramm-weise einfrieren.

Schlemmermilchreis

Für 2 Personen • Zubereitungszeit: ca. 30 Minuten • Quellzeit: ca. 20 Minuten
Pro Portion ca. 660 kcal • 103 g KH • 18 g Fett • 25% Fettkalorien

125 g Rundkornreis

600 ml Milch (1,5% F.)

250 ml Wasser

1/2 Päckchen Vanille-Puddingpulver

3 EL Zucker

1/2 Fläschchen Rumaroma

1 Päckchen Bourbon-Vanillezucker

50 g grob gehackte Pistazienkerne

1. Den Reis in 200 ml von der Milch und dem Wasser kochen, bis er nahezu weich ist; die restliche Flüssigkeit abgießen und den Reis warm stellen.

2. In der Zwischenzeit das Puddingpulver mit etwas kalter Milch anrühren, die restliche Milch mit dem Zucker, Rumaroma und Vanillezucker zum Kochen bringen. Das Puddingpulver einrühren, noch einmal aufkochen lassen und sofort vom Herd nehmen.

3. Den Reis unter den Pudding heben, kräftig verrühren und die Pistazien einstreuen. Den Reis zum Ausquellen etwa 20 Minuten auf der Herdplatte zugedeckt stehen lassen.

Tipp Der Schlemmermilchreis schmeckt heiß oder kalt, mit Fruchtsaucen, Kompott oder frischem Obst, mit Gewürzen wie Zimt oder Vanille.

Zwetschgenknödel

Zwetschgenknödel

Für 2 Personen • Zubereitungszeit: ca. 35 Minuten
Pro Portion ca. 660 kcal • 123 g KH • 14 g Fett • 19% Fettkalorien

250 g reife Zwetschgen
250 g Quark (0,2% F.)
250 g Mehl
1 TL Butter
1/2 TL Salz
10 Stück Zucker

1. Die Zwetschgen waschen und so entkernen, dass die beiden Hälften aneinander bleiben. Einen großen Topf mit Wasser zum Kochen bringen.

2. Aus dem Quark, Mehl, Butter und Salz einen Teig kneten. Den Teig etwa 1 cm dick ausrollen. Den Teig in 7 x 7 cm große Quadrate schneiden, jeweils eine Zwetschge aufsetzen, mit einem Stück Zucker füllen und den Teig darum herumkneten.

3. Die Zwetschgenknödel in das sprudelnd kochende Wasser gleiten lassen und den Herd auf Stufe 1 stellen. Immer wieder vorsichtig umrühren, damit die Knödel nicht am Boden ankleben. Die Knödel sind 5 Minuten, nachdem sie an die Wasseroberfläche gestiegen sind, gar.

Sauerkirschauflauf

Für 2 Personen • Zubereitungszeit: ca. 30 Minuten • Backzeit: ca. 1 1/2 Stunden
Pro Portion ca. 510 kcal • 76 g KH • 15 g Fett • 26% Fettkalorien

2 alte Brötchen
125 ml Milch (1,5% F.)
1 Ei
250 g Sauerkirschen
1/2 TL Zimt
150 g Joghurt (1,5% F.)
50 g Zucker
2 EL gemahlene Haselnüsse

1. Die trockenen Brötchen in Scheiben schneiden, mit der Milch übergießen und einweichen.

2. Die Milch abgießen und die Brötchen ausdrücken. Das Ei trennen und das Eiweiß steif schlagen. Den Backofen auf 180 °C vorheizen.

3. Alle Zutaten, bis auf den Eischnee, vermengen. Zum Schluss den Eischnee vorsichtig unterheben. Die Masse in eine Auflaufform geben und ca. 1 1/2 Stunden backen.

Holunderbeersuppe mit Grießklößchen

Für 2 Personen • Zubereitungszeit: ca. 30 Minuten
Pro Portion ca. 480 kcal • 96 g KH • 6 g Fett • 11% Fettkalorien

250 ml Holunderbeersaft
125 ml Apfelsaft
100 ml Wasser
60 g Zucker
1/2 Zimtstange
1 Päckchen Citroback
150 g Äpfel
20 g Speisestärke
60 ml Milch (1,5% F.)
1 TL Butter
1/2 Päckchen Vanillezucker
1 Prise Salz
30 g Grieß
1 kleines Ei

1. Die Fruchtsäfte, das Wasser, 50 g von dem Zucker, die Zimtstange und das Citroback zum Kochen bringen.

2. Die Äpfel waschen, schälen, entkernen, in Stücke schneiden und in die Suppe geben. Etwa 5 Minuten köcheln lassen. Die Speisestärke mit wenig Wasser glatt rühren und die Suppe damit binden. Die Zimtstange entfernen und die Suppe warm stellen.

3. Die Milch, Butter, den restlichen Zucker, Vanillezucker und das Salz zusammen aufkochen lassen. Den Topf vom Herd nehmen, den Grieß einrühren und solange rühren, bis sich die Masse als Kloß vom Topfboden löst. Die Masse etwas abkühlen, dann das Ei unterrühren.

4. Aus dem Grießbrei 8 Klöße formen und in kochendem Wasser etwa 10 Minuten gar ziehen lassen. Die Klöße in die Suppe geben und servieren.

Vanille-Himbeer-Traum

Für 2 Personen • Zubereitungszeit: ca. 30 Minuten • Kühlzeit: ca. 3 Stunden
Pro Portion ca. 460 kcal • 74 g KH • 13 g Fett • 25% Fettkalorien

250 g frische Himbeeren

1/2 Päckchen Vanille-Puddingpulver

250 ml Milch

60 g Zucker

30 g Pistazien aus der Tüte

1 Päckchen Tortenguss, rot

150 g Joghurt (1,5% F.)

1 Päckchen Bourbon-Vanillezucker

1. Die Himbeeren verlesen. Den Vanillepudding mit der Milch und 1 Esslöffel Zucker nach Packungsanleitung herstellen. Die Pistazien unter den noch heißen Pudding rühren und auf die Gläser verteilen.

2. Die Himbeeren auf den Pudding setzen. Mit 2 weiteren Esslöffeln von dem Zucker und dem roten Tortenguss einen Guss zubereiten und über die Himbeeren gießen.

3. Zum Schluss den Joghurt mit etwas Wasser, dem restlichen Zucker und dem Bourbon-Vanillezucker verrühren, auf die Himbeeren gießen und das Dessert für 3 Stunden kalt stellen.

Tipp Dazu passen ein paar frische Himbeeren zur Dekoration, evtl. mit einem Esslöffel Himbeersirup übergossen.

Flambierte Melonenspieße

Für 2 Personen • Zubereitungszeit ca. 30 Minuten
Pro Portion ca. 330 kcal • 45 g KH • 8 g Fett • 22% Fettkalorien

- 1/2 Netzmelone
- 1/4 Wassermelone
- 1/2 Honigmelone
- 1 unbehandelte Orange
- 1 TL Butter
- 2 TL brauner Zucker
- 2 EL Grand Marnier
- 1 EL weißer Rum (54%)

1. Die Melonen entkernen und mit einem Kugelausstecher das Melonenfleisch ausstechen. Jeweils 1 Kugel einer jeden Melonensorte auf Holzspießchen stecken und auf 2 Schalen oder Teller legen.

2. Die Orange heiß abwaschen und abtrocknen. Die Orangenschale fein abreiben und den Saft auspressen.

3. Die Orangenschale und den -saft, die Butter und den Zucker in eine kleine Pfanne geben und unter Rühren so lange erwärmen, bis Butter und Zucker geschmolzen sind.

4. Die Sauce auf den Fruchtspießen verteilen. Zum Flambieren Grand Marnier und Rum in einer Kelle anzünden und über das Dessert gießen.

Tipp Bei der Wassermelone außerhalb des „Kernbereichs" ausstechen, sonst zerfallen die Bällchen!

Flambierte Melonenspieße

Meloneneis

Für 2 Personen • Zubereitungszeit: ca. 20 Minuten • Gefrierzeit: ca. 4 Stunden
Pro Portion ca. 270 kcal • 37 g KH • 7 g Fett • 23% Fettkalorien

3 EL Zucker

1/2 Honigmelone

Saft von 1/2 Zitrone

1 EL Pinienkerne

1 EL Zitronat

1. Den Zucker mit 50 ml Wasser unter Rühren erhitzen und bei milder Hitze etwas köcheln lassen. Den Sirup dann abkühlen lassen. Die Melone entkernen. Das Fruchtfleisch von der Schale lösen, würfeln und pürieren.

2. Den Zitronensaft und den Sirup unter das Püree rühren und in eine gefrierfeste Form geben. Das Ganze ins Tiefkühlfach stellen und jede Stunde einmal durchrühren, damit die Eiskristalle nicht so groß werden. Die Pinienkerne grob hacken und in einer Pfanne ohne Fett anrösten. Das Zitronat fein hacken.

3. Das Eis etwa 1/2 Stunde vor dem Servieren herausnehmen, etwas antauen lassen und dann in Dessertschälchen füllen. Mit den Pinienkernen und dem Zitronat bestreut servieren.

LOW FETT 30 und Muffins gehören zusammen: Denn bei vielen Rührteigen, der Muffins-Grundlage, lässt sich Fett gut durch Joghurt ersetzen.

Aprikosen-Haferflocken-Muffins

Für etwa 18 Stücke • Zubereitungszeit: ca. 15 Minuten • Backzeit: ca. 25 Minuten
Pro Stück ca. 130 kcal • 24 g KH • 2 g Fett • 14% Fettkalorien

- 150 g reife Aprikosen
- 140 g Zucker
- 2 TL Backpulver
- 1 Prise Salz
- 2 Eier
- 400 g Joghurt (1,5% F.)
- 260 g Weizen-Vollkornmehl
- 100 g Haferflocken

1. Den Backofen auf 180 °C vorheizen und das Muffinblech mit Papierförmchen auslegen. Die Aprikosen waschen, trocknen, entsteinen und in rosinengroße Stücke schneiden.
2. Den Zucker, das Backpulver, Salz, die Eier und den Joghurt gut miteinander verrühren, bis sich der Zucker aufgelöst hat. Das Mehl und die Haferflocken unterrühren und die Aprikosenstückchen unterheben.
3. Den Teig gleichmäßig auf die Muffinförmchen verteilen und auf mittlerer Schiene 25 Minuten backen.

Tipp Wenn Sie statt frischer Aprikosen getrocknete verwenden, dann weichen Sie diese ca. 2 Stunden vorher in Wasser, mit 1 Päckchen Rumaroma versetzt, ein.

Erdbeerrolle

Für etwa 8 Stücke • Zubereitungszeit: ca. 1 Stunde
Backzeit: ca. 20 Minuten • Wartezeit: ca. 8 Stunden
Pro Stück ca. 240 kcal • 35 g KH • 7 g Fett • 26% Fettkalorien

FÜR DIE BISKUITROLLE:
2 Eiweiß
100 g Mehl
125 ml Milch (1,5% F.)
60 g Zucker

FÜR DIE FÜLLUNG:
125 g Joghurt (1,5% F.)
125 g Quark (0,2% F.)
50 g Zucker
250 g Erdbeeren
1 1/2 Päckchen Gelatine
1 Eiweiß

FÜR DEN ÜBERZUG:
150 g Schlagsahne (24% F.)
50 g Zucker
1/2 Päckchen Sahnesteif
8 dicke, schöne Erdbeeren

1. Den Backofen auf 175 °C vorheizen. Das Backblech mit Backpapier auslegen. Das Eiweiß steif schlagen. In einer anderen Schüssel das Mehl, die Milch und den Zucker so lange verrühren, bis sich der Zucker auflöst.

2. Das Eiweiß unterheben. Die Masse auf das Backblech gießen und den Teig, falls nötig, geradeziehen. Den Biskuit 30 Minuten auf mittlerer Schiene backen.

3. Den Bisquit aus dem Backofen nehmen, vom Backblech lösen und auf einem Kuchenrost auskühlen lassen. Eine ausreichend lange Kastenform mit Backpapier auslegen.

4. Für die Füllung den Joghurt, Quark und Zucker verrühren; der Zucker muss sich vollständig auflösen. Die Erdbeeren waschen, das Grün entfernen und die Erdbeeren pürieren.

5. Die Gelatine nach Packungsanleitung mit etwas Wasser verrühren, quellen lassen und erwärmen. Die flüssige Gelatine mit den Erdbeeren vermengen, dann mit der Joghurt-Quark-Masse verrühren.

6. Die Masse zügig auf dem Biskuit verteilen, vorsichtig zusammenrollen und in die Kastenform heben (eventuelle Reste noch hineingießen). Die Erdbeerrolle über Nacht ausgelieren lassen.

7. Für den Überzug die Schlagsahne mit dem Zucker und Sahnesteif steif schlagen und die Biskuitrolle damit auf der Servierplatte einstreichen. Die Erdbeeren waschen, halbieren und als Mittelreihe platzieren.

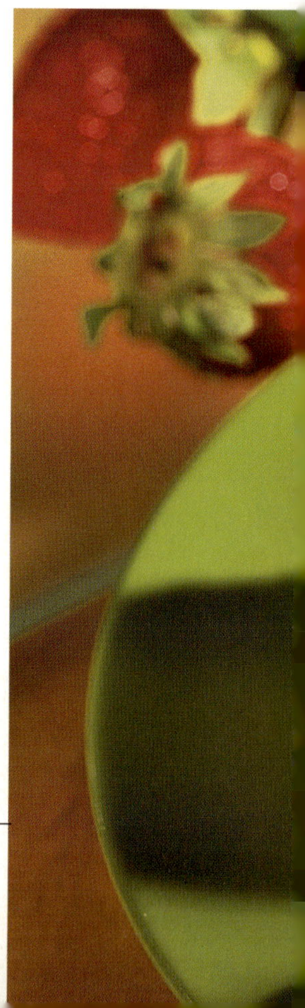

Falscher Bienenstich

Für 30 Stücke • Zubereitungszeit: ca. 10 Minuten • Backzeit: ca. 20 Minuten
Pro Stück ca. 80 kcal • 13 g KH • 1 g Fett • 11% Fettkalorien

FÜR DEN TEIG:

500 ml Buttermilch

4 Eier

4 Tassen Mehl

3 Tassen Zucker

1 Päckchen Backpulver

FÜR DEN BELAG:

1 Tasse Kokosraspel

1/2 Tasse Zucker

1. Den Backofen auf 180 °C vorheizen. Das Backblech mit Backpapier auslegen. Die Zutaten für den Teig miteinander gut verrühren und auf das Backblech streichen.

2. Für den Belag die Kokosraspel und den Zucker vermischen und auf den Teig streuen. Den Kuchen auf mittlerer Schiene etwa 20 Minuten backen.

Kein noch so raffiniertes Parfum kommt im Ansatz an den unwiderstehlichen Duft heran, der sich überall verbreitet, wenn ein Apfelkuchen seiner Vollendung entgegenbäckt.

Apfel-Sahne-Kuchen

Für 20 Stücke • Zubereitungszeit: ca. 1 Stunde
Wartezeit: ca. 1 1/2 Stunden • Backzeit: ca. 1 Stunde
Pro Stück ca. 260 kcal • 48 g KH • 5 g Fett • 19% Fettkalorien

FÜR DEN HEFETEIG:

500 g Mehl

25 g Hefe

50 g Zucker

250 ml warme Milch (1,5% F.)

1 EL Zimt

FÜR DEN BELAG:

1 1/4 kg Äpfel

100 g Sultaninen

500 g saure Sahne (10% F.)

4 Eier

200 g Zucker

1 Päckchen Bourbon-Vanillezucker

100 g Joghurt (1,5% F.)

1. Für den Hefeteig 200 g von dem Mehl mit der zerbröselten Hefe, dem Zucker und der Milch zu einem flüssigen Teig verrühren. Den Teig zugedeckt an einem warmen Ort etwa 30 Minuten gehen lassen.

2. Wenn der Teig gegangen ist, das restliche Mehl und den Zimt hinzufügen und kräftig durchkneten. Nochmals zudecken und wieder an einem warmen Ort 30 Minuten gehen lassen.

3. Inzwischen für den Belag die Äpfel waschen, schälen, entkernen und in feine Schnitze schneiden. Den Backofen auf 180 °C vorheizen und das Backblech mit Backpapier auslegen.

4. Den Teig auf das Backblech stürzen, eine Hand voll Mehl darüber streuen, damit der Teig nicht an den Fingern klebt. Den Teig gleichmäßig auf dem Blech verteilen.

5. Die Apfelschnitze aufrecht, mit der Biegung nach oben, in den Teig setzen und die Sultaninen darüber streuen.

6. Die saure Sahne, die Eier, den Zucker, Vanillezucker und den Joghurt verquirlen. Diese Masse gleichmäßig über den Kuchen gießen und 1 Stunde backen.

LOW FETT 30-Tabelle

Brot, Kuchen, Getreideprodukte	kcal	Gramm Fett	% Fett
Brot, Brötchen (1 Scheibe oder 1 Stück)			
Baguette, 1 Stück, 50 g	126	1	7,14
Brandt Markenzwieback, 100 g	394	6	13,70
Brandt Vollkorn-Zwieback, 100 g	359	6	15,04
Brötchen, Mehrkorn, 60 g	140	1	6,43
Finn Crisp, 100 g	320	2	5,62
Wasa köstlich	32	0,8	22,50
Wasa mjölk	26	0,1	3,46
Wasa Mehrkorn	43	0,4	8,37
Knäckebrot Leicht & Cross, 6 g	22	0,2	8,18
Pumpernickel, 40 g	73	+	0,00
Weißbrot mit Rosinen, 50 g	122	1	7,38
Weißbrot, Toastbrot, 50 g	130	2	13,85
PEMA-8-Korn-Brot	182	2	9,89
PEMA Fitness-Brot	197	5	22,84
PEMA Bio-Dinkelbrot	178	2	10,11
PEMA Bio-Vollkornbrot	165	1	5,45
PEMA Feines Vollkornbrot	190	2	9,47
PEMA Leinsamenbrot	175	2,5	12,86
Kuchen (1 Stück oder 1 Portion)			
Baiser, 30 g	109	0	0,00
Obstkuchen aus Hefeteig, 100 g	144	3	18,75
Schnecken aus Hefeteig, 60 g	204	5	22,06
Obstkuchen aus Quarkölteig, 100 g	292	9	27,74
Stabinger Himbeertörtchen	176	1,5	2,67
Stabinger Johannisbeertörtchen	176	1,5	2,67
Hefezopf, 50 g	152	5	29,61
Kuchen aus Backmischungen			
Dr. Oetker Grundteige Biskuit (100 g Rohprodukt)	370	2,1	5,11
Dr. Oetker Kuchenmischung Marmorkuchen (100 g Rohprodukt)	355	1,7	4,31
Dr. Oetker Kuchenmischung Nusskuchen (100 g Rohprodukt)	388	5,7	13,22
Dr. Oetker Kuchenmischung Zitronenkuchen (100 g Rohprodukt)	369	1,4	3,41
TK-Kuchen (1 Stück)			
Mini Apfeltaschen	67	2	26,87
Mini Rollys, Schwarzw. Kirsch	50	2	30,00
Kekse und Gebäck (1 Packung oder 1 Stück)			
Brandt Kokos-Zwieback, 1 Stück, 20 g	84	2	21,43
Knusperreis-Scheiben, 100 g	376	3	7,18
Bahlsen ABC, Russ. Brot, 100 g	380	1	2,37
Man nehme, 1/2 Packung, 100 g	435	10	20,69

Brot, Kuchen, Getreideprodukte (Fortsetzung)	kcal	Gramm Fett	% Fett
Cafeteria Apriette, 125 g	484	16	29,75
Pims Cake Kirsch, 150 g	625	19	27,36
Waffelhörnchen (Eismann 9575) 100 g	4200	8	17,14
Weihnachtsgebäck			
Dominosteine, 175 g	672	16	21,43
Lebkuchen Mischung 1/2 Packung, 150 g	585	8	12,31
Akora Lebkuchenherzen, 150 g	593	17	25,80
Fertigteig			
(TK) Hefeteig 100 g	264	6	20,45
(TK) Pizzateig 100 g	280	7	22,50
Sanella Pizza 100 g	287	5	15,67
Müsli/Cerealien (1 Portion, 30 g)			
Basis Müsli	121	2	14,88
Wurzener Cornflakes	358	0,7	1,76
Reformhaus Bircher-Müsli	108	3	25,00
Mais-Knusperflocken o. Zucker	109	1	8,26
Vollkorn-Knusper ohne Rosinen	125	4	28,80
Reformhaus 8-Früchte-Müsli	104	3	25,96
Vollkorn-Knusper-Amaranth	132	5	18,94
Schneekoppe Tigerentenmüsli	365	2	4,93
Vollfrucht Hochwert Müsli	380	11	27,12
Schneekoppe 10 Vitamine & Schoko Müsli	380	11	26,05
Kellogg's Cornflakes	110	0,18	1,47
Kellogg's Smacks	113	0,51	4,08
Kellogg's Crunchy Nut	117	0,93	7,15
Kölln Früchte-Vollkorn Müsli, Hafer	109	3	24,77
Kölln Fertige Vollkornflocken	106	2	16,98
Kölln Knusper Haferfleks	116	2	15,52

Nudeln, Reis, Hülsenfrüchte, Getreide	kcal	Gramm Fett	% Fett
je 100 g Rohware			
Buchweizen	336	2	5,35
Grünkern	324	3	8,33
Hirse	350	4	10,28
Mehl, Weizen, Typ 405	332	1	2,71
Quinoa	344	5	13,08
Vollkornmehl, Typ 1700	302	2	5,96
Chinesische Eiernudeln	280	2	6,42
Chinesische Reisnudeln	369	1	2,43
Glasnudeln	160	1	5,62
3-GLOCKEN Gold-Ei, Landnudeln	352	4	10,23
3-GLOCKEN GENUSS PUR	358	1,5	3,77
3-GLOCKEN Tortellini, mit käsehaltiger Füllung, 250 g	369	9	21,95
Nudeln, Vollkorn	323	2	5,57
Müller's Mühle, Reis, Natur, ungeschält	349	2	5,15
Müller's Mühle Langkornreis/Wildreis	345	0,5	1,30
Müller's Mühle grüne Erbsen	333	1,4	3,78
Müller's Mühle weiße Bohnen	327	1,6	4,40

Fleisch	kcal	Gramm Fett	% Fett
Rind 100 g			
Beefhacksteak (Tatar)	113	3	23,89
Filet	121	4	29,75
Roastbeef	130	4	27,69
Roulade	121	4	29,75
Rind, Leber, 100 g	121	2,1	15,62

+ = nur Spuren im Fett

Fleisch (Fortsetzung)	kcal	Gramm Fett	% Fett
Kalb 100 g			
Braten	107	3	25,23
Filet (Lende)	111	3	24,32
Haxe ohne Knochen	123	4	29,27
Schnitzel (Keule)	102	2	17,65
Leber, 100 g	130	4,1	28,38
Schwein 100 g			
Filet	107	2	16,87
Leber	123	3	21,95
Schnitzel	107	2	16,82
Lamm/Ziege 100 g			
Filet	113	3	23,89
Geflügel 100 g			
Hühnchenbrust o. Haut, Filet	102	1	8,82
Putenfilet u. -schnitzel	105	1	8,57
Keule ohne Haut	114	3,6	28,42
Wild u. Wildgeflügel 100 g			
Hase	113	3	23,89
Hirsch	112	3	24,11
Rehkeule	97	1	9,28
Rehrücken	122	4	29,51
Wildschwein	108	3	25,00
Wurst und Aufschnitt 100 g			
Zamek Putensülze	102	3	26,47
Geflügel	122	2	14,75
Schinken und Speck 100 g			
Lachsschinken o. Fettrand	107	2	16,82
Herta Truthahn-Brust Virginia	109	2	16,51
Herta Rohschinkenwürfel	137	3	19,71
Herta Finesse Schinken Country, Honig, Knoblauch	107	2	16,82

Eier	kcal	Gramm Fett	% Fett
Eier			
Eier Gewichtsklasse M, 1 St. 60 g	93	7	67,74
Eiweiß von einem Ei, 35 g	17	0	0,00

Fisch	kcal	Gramm Fett	% Fett
Fisch, Schalen- und Krustentiere 100 g			
Barsch	81	1	11,11
Forelle	103	3	26,21
Garnele (Krabbenfleisch)	87	1	10,34
Hecht	81	1	11,11
Heilbutt (weißer)	96	2	18,75
Hummerfleisch	81	2	22,22
Kabeljau, Dorsch	77	1	11,69
Miesmuschel	51	1	17,65
Schellfisch	77	1	11,69
Scholle	86	2	20,93
Seelachs	80	0,8	9,00
Seeteufel	66	1	13,64
Seezunge	82	1	10,98
Steinbutt	82	2	21,95
Thunfisch	125	2	14,40

Fisch (Fortsetzung)	kcal	Gramm Fett	% Fett
Tintenfisch	73	1	12,33
Zander	83	1	10,84
Geräucherter Fisch 100 g			
Forelle	120	4	30,00
Konserven (Dosen, Portion oder Gramm)			
Fjordmuscheln, mariniert 350 g	369	9	21,95
Krebsfleisch, Dose, 100 g	87	2	20,69
Thunfisch, naturell 150 g	167	1	5,39
TK-Fisch (1 Portion)			
Fischpfanne, Chin. Prawns, 300 g	330	5	13,63
Feine Filets, Kabeljau, 125 g	47	+	0,0
Feine Filets, Scholle, 125 g	96	1	9,37
Feine Filets, Seelachs, 125 g	104	1	8,65
Filet in Soße, Petersilie, 250 g	233	5	19,31
Fisch-Frikadelle, 1 Stück, 62 g	85	2	21,17
Fisch-Pfanne, Helgoland, 200 g	140	4	25,71
Fisch-Pfanne, Asiatisch, 200 g	140	4	25,71
Fisch-Pfanne, Französisch, 200 g	140	4	25,71
Paella, 375 g	293	8	24,57

Milch und Milchprodukte	kcal	Gramm Fett	% Fett
Milch, Milchdrinks und -desserts			
Buttermilch, 1 Glas/200 ml	78	1	11,54
Kakaotrunk (fettarm) 1 Glas/200 ml	122	3	22,13
Milch, 1 Glas/200 ml fettarm	98	3	27,55
Milch, 1 Glas/200 ml Magermilch (entrahmt)	72	+	0,00
Molke, 1 Glas/200 ml	54	1	16,67
Müllermilch Milchreis pur, 200 g	220	5	20,45
Joghurt und Joghurtdrinks			
Danone Actimel natur, 150 g	129	4	27,91
Ehrmann DailyFit plus Frucht, 150 g	161	5	27,95
Heirler Joghurt mild Cafe, 250 g (Reformhaus)	272	8	26,47
Heirler Sanoghurt natur, 150 g (Reformhaus)	81	2	22,22
Müller Schlemmer Jogh. Kirsch, 175 g	186	6	29,03
Nestlé Drink Orange, 175 g	130	2	13,85
Schneekoppe probiotischer Joghurt	60	1	15,00
Weihenstephan Käpt'n Blaub. div. Sorten, 125 g	125	3	21,60
Zott Starfrucht, 175 g	175	5	25,71
Desserts (Kühlregal, 1 Becher)			
Duett, Grießp. m. Himbeers. 150 g	162	3	16,66
Grüne/rote Grütze, 170 g	192	2	9,37
Vanille-Pudding, 500 g	514	15	26,26
Rotweincreme m. Sahne, 125 g	167	4	21,55
Puddis Schokopudding, 125 g	123	3	21,95
Quark			
mager, 100 g	76	+	0,00
Qremor, CremQuark, 100 g	70	+	0,00
Light- und Diätprodukte			
Danone extra leicht, 4 x 125 g, je	55	+	0,00
natreen Dicke Milch auf Frucht, 150 g	74	2	24,32
natreen Quark Traum mit Frucht, 150 g	90	1	10,00
natreen Vanille-Joghurt mit Frucht, 150 g	84	2	21,43
Frisch-/Sauermilchkäse (30 g oder 1 Portion)			
Harzer (Stangenkäse)	38	+	0,00

+ = nur Spuren im Fett

Obst und Gemüse	kcal	Gramm Fett	% Fett
Alle Obst- und Gemüsesorten sind LOW FETT 30			
Ausnahme: Avocados, Oliven			
Bonduelle Dose Chin. Gemüsepfanne, 425 ml	255	2	7,85
Sojasprossen, frisch, 100 g	50	1	15,00
Kartoffelpüree, mit Wasser zubereitet	94	+	0,00
Kartoffelpüree, mit Milch zubereitet	204	8	26,47
Seeberger Apfelringe	234	1,6	6,15
Seeberger Datteln, entsteint	277	0,5	1,62
Seeberger Caribic Royal Mischung	363	7	17,36
Salate (1 Portion = 100 g)			
Bonduelle Salate Snacks Mexico Salat, 150 g	171	5	26,31
TK-Kartoffeln und Gemüse (100 Gramm oder 1 Portion)			
Gemüsepfanne Peking	43	1	20,93
Pfanne Chili con Carne Art	172	2	10,46
Pfanne Gyros Art	182	3	14,83
Mexican Chicken Art	204	1	4,41
Gemüseeintopf Gärtn. Art, 250 g	103	3	26,21
Mein Leibgericht Champignon-Plätzli, 50 g	91	3	29,67
Zwiebel/Knoblauch, 25 g	16	+	0,00
Agrarfrost Backfrites 3%	147	3	18,37
Agrarfrost Kartoffelpuffer (TK)	113	3	23,89
Agrarfrost Kartoffelklöße Thüringer Art (TK)	129	1	6,98
Agrarfrost Kartoffelklöße halb und halb (TK)	121	1	7,44
Golden Americans, 100 g	156	4	23,07
Sauerkonserven (100 g oder 1 Portion)			
Kühne Feine Gürkchen, 100 g	43	0,2	4,19
Kühne Delikatess-Gurken „Spreewälder Art", 100 g	23	0,2	7,82
Kühne Apfelrotkohl, 100 g	52	0,2	3,46
Kühne Weißkrautsalat, Rotkrautsalat 100 g	45	0,2	4,00
Kühne Mixed Pickles, 100 g	30	0,3	9,00
Kühne Sauerkraut mild, 100 g	26	0,3	10,38

Brotaufstriche kcal	Gramm Fett	% Fett	
Herzhaftes aus dem Reformhaus			
R. Hefe-Extrakt, 1 gestr. TL, 5 g	11	+	0,00
Eden, Tomate, Pastete, 1 TL, 10 g	10	0,1	9,00
Süße Aufstriche (1 Portion, 1 TL = 20 g)			
Schwartau Premiere Fruchtaufstrich, Aprikose	36	+	0,00
Schwartau Wild-Preiselbeeren	40	+	0,00
Apfelkraut	50	+	0,00
Eden, Aprikosen-Fruchtaufstrich	35	0	0,00
Hagebutten-Konfitüre	33	0	0,00
Honig, 1 TL, 5 g	18	0	0,00
Konfit. mit Fruchtzucker f. Diabetiker	22	0	0,00
Obst-Konfitüre	55	0	0,00
Schneekoppe, Sanddorn-Wildfrucht	33	0	0,00

Fertiggerichte	kcal	Gramm Fett	% Fett
Aus der Tiefkühltruhe mit Fleisch (1 Portion)			
Indian Chicken, 350 g	378	10	23,80
Nasigoreng, 350 g	395	8	18,22
TK-Snacks (1 Stück oder 1 Portion)			
Sauerkraut-Brezel 300 g	679	20	26,50
Flaguettes (Eismann 8256) Sesam	251	3	10,76

Fertiggerichte (Fortsetzung)	kcal	Gramm Fett	% Fett
Flaguettes (Eismann 8256) Zwiebel	264	4	13,54
Flaguettes (Eismann 8256) Käse	259	7	24,32
Dr. Oetker Frühlingsrolle (groß)	134	4	26,87
Bistro Baguettes Hawaii, 1 Stück, 125 g	285	9	28,42
Costa Bouillabaisse 380 ml	179	5,7	28,66
Iglo Kruston, Frischkäse Tomate 175 g	411	13	28,50
American Diner, Classic, 300 g	507	16	28,40
Chili con Carne, 1 Beutel	220	4	16,36
TK-Pizza (ganz)			
Dr. Oetker Pizza Bolognese TK	571	18	28,37
Dr. Oetker Pizza Champignon TK	663	21	28,50
Dr. Oetker ofenfrische Pizza Spinat	184	6	29,35
Pizza Prosciutto, 310 g, à la carte, frisch	682	18,6	24,55
Fertiges aus Dose, Glas, Tüte oder eingeschweißt, mit Fleisch			
Bassermann Nasigoreng, Dosen, 510 g	694	21	27,23
Mr. Wok Jadezauber, 100 g	115	2,2	17,22
Mr. Wok Königsgarnelen, 100 g	108	1	8,33
Mr. Wok China Curry, 100 g	198	4,5	20,45
Maggi Asia Nudel Snack Ayam Huhn	237	1	3,80
Sonnen Bassermann Hühnerfrik. m. Spargel 1 Portion	429	13	27,27
Sonnen Bassermann Putenbraten 1 Portion	441	12	24,49
Zamek Chili Bohnentopf, 100 g	90	2	20,00
Zamek Linsensuppe, 100 g	60	1,5	22,50
Frische Fertignudeln (1 Packung/Gramm)			
Gemüse Ravioli, 225 g	520	14	24,23
Gnocchi, 400 g	656	2	2,74
Spinat Ravioli, 225 g	554	16	25,99
Eierspätzle, 325 g	618	15	23,30
Nudel-/Reisgerichte (1 Portion)			
Miracoli Spaghetti	655	14	19,23
Knorr Spaghetteria Spaghetti Bolognese	339	6	15,93
Maggi Wirtshaus Maultäschle Gärtnerin	197	4,8	21,93
Risotteria, Brokkoli/Käse, 1 Packung	587	7	16,73
Kartoffeln/Gemüse (1 Portion)			
Erbsenpürree	95	1	9,47
Kartoffelgratin mit Zucchini (1/2 Packung)	227	4	15,85
Schupfnudeln	565	6	9,55
Kartoffel-Paprika-Gratin	141	4	25,53
Halb und Halb Klöße	169	+	0,00
Rohe Klöße	195	+	0,00
gekochte Klöße	178	+	0,00
Böhmische Klöße	236	1	3,81
Festtags-Klöße	208	+	0,00
Semmel-Knödel	258	7	24,41
Schnetkamp Blumenkohl-Käse-Medaillon (auf Bratfolie)	123	2,2	16,10
Schneefrost Spinat Gnocchi	144	0,8	5,00
Schneefrost Kartoffel Omelettes	152	0,8	4,74
Pfanni Püree-Snack Frühlingsgemüse	248	8	29,03
Schwamstedter Eierpfannkuchen mit Sauerkirschfüllung	176	3,5	17,90
Schwamstedter Kartoffelpuffer	101	0,5	4,46
Aus dem Reformhaus, ohne Fleisch (1 Portion)			
Kartoffel-Cornies 1/3 Packung	174	2	10,34
Couscous Complet, 100 g	342	4	10,52
Soja Gulasch, Schale, 300 g	222	6	24,32
Gemüse-Bratling, Instant, 1/3 Packung	93	1	9,67

+ = nur Spuren im Fett

Fertiggerichte (Fortsetzung)	kcal	Gramm Fett	% Fett
Vegavita, Inst., 1/4 Packung	178	3	15,16
Ravioli, Dose, 400 g	412	12	26,21
Soßen zu Gerichten (Glas)			
Uncle Ben's Chinesisch Süß Sauer 350 g	308	0	0,00
Uncle Ben's Indisch Curry	228	5	19,73
Fertige Pastasoßen (Pack., Glas o. Gramm)			
3 GLOCKEN Nudelsoße Pikanto	75	2,5	30,00
3 GLOCKEN Nudelsoße Napoli	47	1,2	22,98
Knorr Tomato al Gusto (Knoblauch, Basilikum, Champignon, Kräuter, Zwiebel)	32–40	<1	rd. 20,00
Würz-/Feinkostsoßen aus Glas/Flasche (1 EL 20 g)			
Tomaten-Ketchup	19	+	0,00
Asia Soße	30	+	0,00
Barbecue-Sauce	19	+	0,00
Mango Chutney	47	+	0,00
Kikkoman Sojasoße, 1 EL, 15 g	11	+	0,00
Kikkoman Teriyaki, Marinade, 1 EL, 15 g	11	+	0,00
Gewürze und Würzpasten aus Tube oder Glas (1 TL = 10 g)			
Senf, süß	11	+	0,00
Tomatenmark	16	+	0,00
Suppen, Tassensuppen 1 Portion			
Unox Heiße Tasse, Chines. Gemüse-Suppe, süßsauer	48	1	18,75
Unox Heiße Tasse, Hühnersuppe	33	1	27,27
Suppen Drink Tomatencremesuppe mit Croutons	77	2	23,37
Maggi 5 Minuten Terrine, Nudeltopf mit Rindfleischklößchen	144	3	18,75
Maggi 5 Minuten Terrine, Spaghetti Bolognese	273	7	23,07
Suppen und Eintöpfe aus Dosen, Gläsern oder eingeschweißt (1 Portion)			
Bassermann Dose Ratatouille, ca. 400 ml	157	4	22,92
Erasco Italienischer Tomaten-Nudeltopf, 425 ml	157	2,1	12
Erasco Französische Zwiebelsuppe 400 ml	120	3	22,50
Erbsentopf, Dose, ca. 550 g	182	6	29,67
Doppelte Kraftbrühe, Dose, 400 ml	34	+	0,00
Lacroix Klare Ochsenschwanzsuppe, 400 ml	78	2	23,07
Müller's Mühle, Graupensuppe, 200 ml	112	3	24,10
Suppen aus Tüten (1 Teller o. 1 Portion)			
Knorr Suppenliebe Rindfleisch mit Nudeln (100 g Trockenprodukt)	340	5	13,24
Pfanni Kartoffelsuppe 1 Teller	66	+	0,00
Klare Suppen aus Würfeln oder Instantpulver (für 250 ml)			
Brühe gekörnt	8	+	0,00
Gemüsebrühe, klar	10	+	0,00
Fertiggerichte light (1 Pckg., 1 Portion)			
Du darfst Kasseler, 400 g	268	8	26,86
Du darfst Schweinegeschnetzeltes, 400 g	310	10	29,03
Du darfst Tomaten-Zucchini-Gemüse, 350 g	222	2	8,10
Du darfst Asia-Fertiggericht Chop Suey, 350 g	314	6	17,19
Du darfst Huhn süßsauer, 350 g	320	4	11,25
Pudding, Cremes, Süßspeisen (Instant, 1 Portion, 1/4 Packung)			
Dr. Oetker Galetta-Schokolade (100 g Rohprodukt)	454	13,2	26,17
Dr. Oetker Paradies-Creme Sahne-Karamell (100 g Rohprodukt)	452	13	25,88
Dr. Oetker Dessertspezialitäten Crema Stracciatella (100 g Rohp.)	428	8,8	18,50
Dr. Oetker Dessertspeziallitäten Crema Tiramisu (100 g Rohpr.)	441	10,9	22,24
Dr. Oetker Süße Mahlzeiten a. S. nicht mehr als (100 g Rohpr.)	387	3,4	7,91
Flana Schokolade	103	3	25,47
Rote Grütze	84	+	0,00

Unterwegs essen	kcal	Gramm Fett	% Fett
Unterwegs essen – Imbiss (1 Portion)			
Gartensalat	30	+	0,00
Pfannkuchen/Crepes mit Zucker	390	13	30,00
Tomatenketchup, 20 g	22	0	0,00
Milchshake, Vanillegeschmack	293	8	24,57
Softeis, mit Karamellsoße	282	8	19,14
Softeis mit Schokoladensoße	279	8	25,80
Kartoffeln, gebacken, 1 Stück, 200 g	170	+	0,00
Rote Grütze mit (wenig!) Schlagsahne	328	10	27,43
Schweinefleisch, süßsauer, mit Reis	455	15	29,67
Spaghetti mit Tomatensoße klass.	584	12	18,49
Tortellini mit Tomatensoße	500	14	25,20
Obstsalat ohne Sahne	157	1	5,73
Osso Buco, ohne Beilagen	539	14	23,37

Süßes & Knabberspaß	kcal	Gramm Fett	% Fett
Knabbereien (100 g oder 1 Packung)			
Wolff Stickletti	342	3,9	10,00
Wolff Maxi Brezli	362	6,1	15,00
Wolff Große Goldbrezel	362	6,1	15,00
Seeberger Reis-Gebäck „Katana"	397	4,8	10,88
Seeberger Reis-Gebäck „Matsuri"	382	0,4	0,94
Uncle Bens Rispinos, z. B. Schoko	231	0	0,00
Riegel, Bonbons etc.			
Corny fruchtig herb, Riegel 25 g	104	3	25,96
Corny Schoko-Banane, Riegel, 25 g	102	3	26,47
Balisto Korn-Mix, Riegel	212	6	25,47
Schoko-Schaumkuss, 1 Stück	105	3	25,71
Haribo, Lakritz-Konfekt, 100 g	354	3	7,62
Haribo Lakritz-Schnecken, 100 g	294	+	0,00
Haribo Goldbären, 100 g	340	0	0,00
Haribo Color Rado, 100 g	342	2	5,26
Storck Mamba	388	5,5	12,76
Storck Nimm 2	375	0,1	0,24
Storck Mint Chocos	426	7,9	16,69
Werther's Echte, 1 Stück	23	+	0,00
Pralinen (1 Stück/Packung)			
After Eight	45	1	20,00
Erfrischungsstäbchen, 75 g	257	7	24,51
Süßes aus dem Reformhaus			
Schneekoppe Vitaminschnitte Orange	365	11	27,12
Schneekoppe Müsli, Fruchtschnitte	350	10	25,71
Dessertsaucen aus der Flasche 1 Portion = 50 ml			
Schwartau Schokoladensauce	134	2	13,43
Schwartau Wildbeerensauce	100	+	0,00
Eiscreme und Fruchteis			
Malibu, 50 g	72	2	25,00
Eismann 0157 Diätbecher Himbeer, 100 g	139	3,2	20,72
Eismann 0157 Diätbecher Schoko, 100 g	151	4,9	29,21
Eismann 0031 Eddy's Fruchti-Mix, 100 g	105	0	0,00
Eismann 0038 Eddy's Commander, 100 g	100	0	0,00
Capri	53	+	0,00
Schoeller Mövenpick (Mini-) Amarena Cream	156	5,2	30,00
Schoeller Mövenpick Citronen-Sorbet	123	0,3	2,20
Jive Waldfrucht	153	5	29,41

+ = nur Spuren im Fett

Alphabetisches Rezeptverzeichnis

Rezeptverzeichnis nach Rubriken

Frühstück, Zwischenmahlzeit, Pausenbrot

Salate, Suppen, Eintöpfe

Hauptgerichte mit Fleisch und Fisch

Vegetarische Hauptgerichte

Snacks und kleine Gerichte

Süßspeisen und Gebäck

Dieses Buch wurde auf chlorfrei gebleichtem und säurefreiem Papier gedruckt.

Der Text dieses Buches entspricht den Regeln der neuen deutschen Rechtschreibung.

Das Einsteigerbuch zur LOW FETT 30-Ernährung können Sie für 6,39 €
incl. Versand direkt bei den Autorinnen bestellen:
LOW FETT 30 GmbH & Co. KG, Volksgartenstraße 85, 41065 Mönchengladbach
oder direkt im Internet unter ***www.lowfett.de***

ISBN 3 8094 1392 5

Umschlaggestaltung: Peter Udo Pinzer
Layout und Herstellung: Petra Zimmer
Redaktion für diese Ausgabe: Carina Janßen
Umschlagfoto: Klaus Arras, Köln
Rezeptfotos: Fotostudio R. Schmitz, München: S. 24 (kl. li.), 35, 58 (kl. re.), 75, 97;
FALKEN Archiv: Arras: S. 2 (kl. li.), 3, 14, 23, 24 (gr. Foto), 24 (kl. re.), 28, 32, 36, 37, 38, 44, 52, 58 (gr. Foto), 70, 72, 78, 84, 92, 94 (gr. Foto), 95, 96, 100, 102, 107, 112, 124, 125, 130, 142 / Brauner: S. 12, 40 (gr. Foto), 42, 43, 47, 48, 54, 64, 76 (gr. Foto), 88, 105 / Feiler: S. 65, 69, 89, 109, 111 / Kleeberg/Rink: S. 15 (li., re.) / Kopp: S. 98, 101, 127 / Krapohl: S. 79 / Schliack: S. 1, 4, 9, 11, 22, 26, 46, 99, 104, 106, 108, 116, 122 / Schmitz: S. 2 (kl. re.), 25, 31, 39, 40 (kl. li., kl. re.), 45, 49, 53, 55, 58 (kl. li.), 59, 60, 61, 63, 67, 71, 73, 76 (kl. li., kl. re.), 83, 85, 86, 90, 91, 94 (kl. li.), 103, 110, 111, 114 (kl. li., kl. re.), 117, 119, 120, 123, 126, 128, 129, 131 / TLC: S. 2 (gr. Foto), 5, 6, 10, 13, 20, 27, 29, 50, 51, 56, 62, 66, 68, 74, 82, 93, 94 (kl. re.), 113, 114 (gr. Foto), 115, 118, 132, 140 / Wegner: S. 41, 57, 77, 80, 81. Weitere Fotos im Innenteil: D. Ilgner, Mönchengladbach: S. 7, IFA-Bilderteam: S. 17
Die Bilder auf den Seiten 17 und 19 wurden dem FALKEN Verlag freundlicherweise von der Fa. Polar zur Verfügung gestellt.

Satz: FALKEN Verlag
Druck: Eurografica S.p.A., Marano, Vicenza
Printed in Italy
026810501X817 2635 4453 6271